READER'S DELIGHT

लोकनायक जयप्रकाश नारायण

की जीवनी

स्वतंत्रता सेनानी एवं समाज सुधारक

READER'S DELIGHT

AN IMPRINT OF RAMESH PUBLISHING HOUSE

NEW DELHI

Published by: Alok Kumar Gupta for Reader's Delight
(An Imprint of Ramesh Publishing House)

प्रशासनिक कार्यालयः
12-H, न्यू दरियागंज रोड, ऑफिसर्स मेस के सामने,
नई दिल्ली-110002 ✆ 23245124, 23275224
ई–मेल: info@rameshpublishinghouse.com
वेबसाइट: www.rameshpublishinghouse.com

विक्रय केन्द्रः
- बालाजी मार्किट, नई दिल्ली-6 ✆ 23253720, 23282525
- 4457, नई सड़क, दिल्ली-6, ✆ 23918938

Book Code: A-116

ISBN: 978-93-86845-92-4

मूल्य: ₹ 40/-

मुद्रक : दीपक ऑफसेट, दिल्ली

प्रस्तावना

लोकनायक जयप्रकाश नारायण की जीवनी एक ऐसे महान क्रांतिकारी एवं स्वतंत्रता सेनानी की जीवन गाथा है जिसने भारत को स्वतंत्र कराने के लिये न केवल महात्मा गाँधी और जवाहरलाल नेहरू जैसे कांग्रेसी नेताओं के साथ कार्य किया अपितु डॉ. राममनोहर लोहिया सरीखे महान क्रांतिकारी एवं समाजवादी के साथ भी कंधे से कंधा मिलाकर चले।

जे.पी. आरम्भ में मार्क्सवादी विचारधारा से प्रभावित थे किंतु जवाहरलाल नेहरू के कहने पर वे भारतीय राष्ट्रीय कांग्रेस के साथ भारतीय स्वतंत्रता आंदोलन में शामिल हुए।

भारत के विभाजन के विषय पर उनका कांग्रेस से वैचारिक मतभेद हो गया और उन्होंने कांग्रेस से अलग होकर अपना अलग दल बना लिया। कुछ समय पश्चात् उन्होंने सक्रिय राजनीति छोड़कर आचार्य विनोबा भावे के भूदान आंदोलन एवं सर्वोदय आंदोलन में भी सक्रिय भूमिका निभाई।

1960 और सत्तर के दशकों के उत्तरार्ध में वे गुजरात एवं बिहार के जन-आंदोलनों में पुनः सक्रिय हो गए। उनको इंदिरा गाँधी द्वारा घोषित 'आपातकाल' के दौरान पुनः गिरफ्तार कर लिया गया जो कि बाद में इंदिरा सरकार के पतन का कारण बना।

अंदर के पृष्ठों में उनके जीवन का एक प्रेरक वर्णन है कि कैसे बिहार का एक सीधा-सादा बालक बड़ा होकर 'लोकनायक' अर्थात् भारतीय जनता का नायक कहलाया।

—प्रकाशक

अनुक्रमणिका

परिचय

मेरी रुचि सत्ता के कब्जे में नहीं,
बल्कि लोगों द्वारा सत्ता के नियंत्रण में है।

जे. पी. अथवा 'लोकनायक' के नाम से विख्यात जयप्रकाश नारायण एक भारतीय स्वतंत्रता सेनानी, समाज सुधारक एवं राजनेता थे। उन्हें मुख्यतः 1970 में इंदिरा गाँधी के विरुद्ध विपक्ष का नेतृत्व करने के लिए जाना जाता है। जे.पी. इंदिरा गाँधी की प्रशासनिक नीतियों के विरुद्ध थे और गिरते स्वास्थ्य के बावजूद उन्होंने 1977 में विपक्ष को एकजुट कर इंदिरा गाँधी को चुनाव में बुरी तरह हरा दिया था।

लोकनायक जयप्रकाश नारायण

जयप्रकाश नारायण का जन्म 11 अक्टूबर, 1902 को बिहार के सारण जिले के सिताब दियारा गाँव में हुआ। उनके पिता का नाम हरसूदयाल श्रीवास्तव और माता का नाम फूलरानी देवी था। वो अपनी माता-पिता

की चौथी संतान थे। जब जयप्रकाश 9 वर्ष के थे तभी विद्याध्ययन के लिए पटना चले गए थे।

वर्ष 1920 में जब जयप्रकाश 18 वर्ष के थे तब उनका विवाह प्रभावती देवी से हुआ। विवाह के उपरान्त जयप्रकाश अपनी पढ़ाई में व्यस्त थे अतः प्रभावती कस्तूरबा गाँधी के साथ गाँधी आश्रम में रहीं। मौलाना अबुल कलाम आजाद के भाषण से प्रभावित होकर जे.पी. ने पटना कॉलेज छोड़कर 'बिहार विद्यापीठ' में प्रवेश ले लिया। बिहार विद्यापीठ में पढ़ाई के पश्चात् सन् 1922 में जयप्रकाश आगे की पढ़ाई के लिए अमेरिका चले गए। वहाँ उन्होंने जनवरी, 1923 में बर्कले विश्वविद्यालय में प्रवेश लिया।

अमेरिका में अपनी पढ़ाई का खर्च उठाने के लिए उन्होंने खेतों, कंपनियों, होटलों इत्यादि में कार्य किया। इसी दौरान उन्हें श्रमिक वर्ग की परेशानियों का ज्ञान हुआ और वे कार्ल मार्क्स के समाजवाद से प्रभावित हुए। इसके पश्चात् उन्होंने एम.ए. की डिग्री हासिल की किंतु चाहकर भी पी.एच.डी. पूरी न कर सके क्योंकि उनकी माताजी की तबियत खराब होने के कारण उन्हें अचानक भारत वापस लौटना पड़ा।

जयप्रकाश नारायण जब 1929 में अमेरिका से भारत लौटे तब स्वतंत्रता संग्राम जोरों पर था। धीरे-धीरे उनका संपर्क जवाहरलाल नेहरु और महात्मा गाँधी से हुआ और वो स्वतंत्रता संग्राम का हिस्सा बने। वर्ष 1932 में सविनय अवज्ञा आन्दोलन के दौरान जब गाँधी, नेहरु समेत अन्य महत्वपूर्ण कांग्रेसी नेता जेल चले गए तब उन्होंने भारत के अलग-अलग भागों में आंदोलन को दिशा दी। ब्रिटिश सरकार ने अन्ततः उन्हें भी मद्रास में सितम्बर 1932 में गिरफ्तार कर लिया और नासिक जेल भेज दिया। नासिक जेल में उनकी भेंट अच्युत पटवर्धन, एम.एच.

दांतवाला और सी.के. नारायणस्वामी जैसे नेताओं से हुई। इन नेताओं के साथ उन्होंने कांग्रेस-सोशलिस्ट पार्टी (सी.एस.पी.) की नींव रखी। जब कांग्रेस ने 1934 में चुनाव में भाग लेने का निर्णय लिया तब उनकी कांग्रेस-सोशलिस्ट पार्टी ने इसका विरोध किया।

द्वितीय विश्वयुद्ध के दौरान जे.पी. ने ब्रिटिश सरकार के विरूद्ध आंदोलन का नेतृत्व किया और ऐसे अभियान चलाये जिनसे सरकार को मिलने वाला राजस्व रोका जा सके। इस दौरान उन्हें गिरफ्तार कर लिया गया और 9 महीने की कैद की सजा सुनाई गई। उन्होंने महात्मा गाँधी और सुभाषचंद्र बोस के बीच मतभेदों को सुलझाने का प्रयास भी किया। सन् 1942 में 'भारत छोड़ो' आंदोलन के दौरान जे.पी. हजारीबाग जेल से फरार हो गए और नेपाल जाकर 'आजाद दस्ते' का गठन किया।

भारत की स्वतंत्रता के बाद कई सरकारों ने घोटाले और षड्यंत्र किए जिनसे देश और समाज का बहुत नुकसान हुआ। देश में महंगाई, भ्रष्टाचार और बेरोजगारी व्याप्त थी ऐसे समय में जयप्रकाश नारायण ने आगे आकर युवाओं के माध्यम से जनता को जागृत किया। उन्होंने कहा, "ये सारी समस्याएं तभी दूर हो सकती हैं, जब सम्पूर्ण व्यवस्था बदल दी जाए और सम्पूर्ण व्यवस्था के परिवर्तन के लिए 'सम्पूर्ण क्रांति' आवश्यक है।" उनके अहिंसावादी आंदोलन को देखकर कुछ लोगों ने उन्हें 'आजाद भारत के गाँधी' की उपाधि दी थी।

जे.पी. आंदोलन बिहार से आरंभ होकर शीघ्र ही संपूर्ण भारत में फैल गया। जे.पी. एक समय में कांग्रेस के सहयोगी थे लेकिन आजादी के लगभग दो दशक बाद आई इंदिरा गाँधी सरकार के भ्रष्ट व अलोकतांत्रिक तरीकों ने उन्हें कांग्रेस और इंदिरा के विरोध में खड़ा कर दिया। इसी बीच सन् 1975 में न्यायालय में इंदिरा गाँधी पर चुनावों में भ्रष्टाचार का

आरोप सिद्ध हो गया और जयप्रकाश ने विपक्ष को एकजुट कर उनके त्यागपत्र की माँग की। इसके परिणामस्वरूप प्रधानमंत्री इंदिरा गाँधी ने राष्ट्रीय आपातकाल लागू कर दिया और जे.पी. समेत हजारों विपक्षी नेताओं को गिरफ्तार कर लिया गया।

अपने आंदोलन के दौरान ही जे.पी. का स्वास्थ्य बिगड़ना आरंभ हो गया था। आपातकाल में जेल में बंद रहने के दौरान उनकी तबियत अचानक 24 अक्टूबर, 1976 को खराब हो गयी अतः खराब स्वास्थ्य के आधार पर 12 नवम्बर, 1976 को उन्हें रिहा कर दिया गया। जसलोक अस्पताल में जांच के बाद पता चला कि उनकी किडनी खराब हो गयी थी जिसके बाद वो प्रायः डायलिसिस पर ही रहे।

जनवरी 1977 में इंदिरा गाँधी सरकार को आपातकाल हटाना पड़ा। मार्च 1977 में चुनाव हुए और जे.पी. के 'सम्पूर्ण क्रांति आंदोलन' के चलते भारत में प्रथम बार गैर-कांग्रेसी सरकार बनी।

लोकनायक जयप्रकाश नारायण का निधन 8 अक्टूबर, 1979 को पटना में मधुमेह और हृदयरोग के कारण हो गया।

भारत सरकार ने उन्हें सन् 1998 में मरणोपरांत देश के सर्वोच्च नागरिक सम्मान 'भारत रत्न' से अलंकृत किया। सन् 1965 में उन्हें समाज सेवा के लिए 'मैगसेसे पुरस्कार से भी सम्मानित किया गया।

❑❑❑

प्रारंभिक जीवन एवं शिक्षा

यह (साम्यवाद) इस सवाल का जवाब नहीं देता : कोई आदमी अच्छा क्यों हो?

जयप्रकाश नारायण का जन्म 11 अक्टूबर, 1902 को बिहार और उत्तर प्रदेश को सीमा पर स्थित बलिया जिले के सिताब दियारा गाँव में हुआ था। इनके पिता का नाम हरसूदयाल श्रीवास्तव और माता का नाम फूलरानी देवी था। इनके पिता बिहार के आरा शहर में नहर (सिंचाई) विभाग में जिलेदार थे।

घर में जयप्रकाश से बड़े एक भाई और दो बहनें थीं। बड़े भाई का नाम हरिप्रकाश था। जयप्रकाश के जन्म से पहले ही एक बार गाँव में हैजा फैल चुका था, जिसके कारण हरिप्रकाश मृत्यु का शिकार हो गए थे। बाद में उनकी एक बहन चंद्रभानु भी प्लेग से चल बसीं। अब जयप्रकाश से बडी केवल एक बहन जीवित बची थी। इसी कारण जयप्रकाश के जन्मोत्सव पर परिवार में बड़ी खुशियाँ मनाई गई थीं। वे सारे घर के दुलारे हो गए थे। बाद में जयप्रकाश की छोटी बहन चंद्रकला और भाई राजेश्वर का जन्म हुआ। बालक जयप्रकाश का लालन-पालन बड़े लाड़-प्यार से हुआ।

जयप्रकाश नारायण का परिवार कायस्थ जाति से सम्बन्ध रखता था। कायस्थों में उस समय शिक्षा बहुत प्रचलित थी। ये लोग उत्तरी भारत के प्रशासनिक व असैनिक पदों पर अधिक कार्य करते थे। उनके दादाजी बाबू देवकी नन्दन भी अंग्रेजी शिक्षा प्राप्त करके उस समय पुलिस विभाग में दारोगा के पद पर थे। सिताब दियारा गाँव बिहार की राजधानी पटना से लगभग 50 किमी. दूर था। यह गंगा नदी के किनारे दूसरी ओर पड़ता था। उनके पैतृक गाँव जाने के लिये नौका का प्रयोग किया जाता था। गंगा एवं सरयू नदियों के किनारे स्थित इस क्षेत्र में फसलें बहुत अच्छी पैदा होती थीं।

जयप्रकाश की माता एक ग्रामीण एवं धर्मभीरू स्वभाव की महिला थीं। उनके पिताजी नहर विभाग में नौकरी करते थे। जयप्रकाश पिताजी के साथ नहीं रहते थे क्योंकि उनकी सरकारी नौकरी होने के कारण बदली होती रहती थी। उनकी दो बहनें तथा छोटा भाई राजेश्वर था जो पिताजी के साथ रहते थे। उनके पिताजी शांत प्रकृति के थे परन्तु उनका भाई थोड़ा उग्र स्वभाव का था।

जयप्रकाश का परिवार हिन्दू उत्सवों होली, दिवाली, दुर्गा पूजा व नये वर्ष आदि को मनाते थे। परन्तु उनके पिताजी उनमें भाग नहीं ले पाते थे। उनकी माता शिवभक्त थीं। जयप्रकाश पर अपनी माता के स्वभाव का बहुत प्रभाव था।

माता-पिता के लाड़-प्यार में जयप्रकाश बड़े होने लगे। अब उनकी आयु लगभग छह वर्ष हो गई थी। उन्हें पढ़ने के लिए गाँव की पाठशाला में प्रवेश करवाया गया। जयप्रकाश मन लगाकर पढ़ने लगे। उस पाठशाला की शिक्षा पूरी करने के बाद आगे की पढ़ाई के लिए उन्हें पटना भेजा गया। पटना के कॉलेजिएट स्कूल में उनका प्रवेश

करवा दिया गया। 'सरस्वती भवन' नामक छात्रावास में रहकर जयप्रकाश अध्ययन करने लगे।

जयप्रकाश पढ़ने नें बहुत मेधावी थे। कॉलेजिएट स्कूल के शिक्षक उनकी प्रतिभा और लगन से बहुत प्रभावित थे। उन दिनों कॉलेजिएट स्कूल के मुख्य अध्याप्क अमजद अली खान थे। वे बड़े योग्य अध्यापक थे। छात्रों के मानसिक विकास के साथ-साथ वे उनके चरित्र-निर्माण पर भी पूरा बल देते थे। उन्हीं के सान्निध्य में जयप्रकाश के मन में देशप्रेम और राष्ट्रवादी चिंतन के बीज अंकुरित होने लगे थे।

पटना के कॉलेजिएट स्कूल से ही सन् 1919 में जयप्रकाश ने मैट्रिक की परीक्षा प्रथम श्रेणी में उत्तीर्ण की। अच्छे अंक प्राप्त करने के कारण उन्हें छात्रवृत्ति भी प्रदान की गई।

उन दिनों भारतीयों पर अंग्रेजों का अत्याचार चरम पर था। भारतीय जनता ने भी अंग्रेजी सरकार के विरुद्ध संघर्ष तेज कर दिया था। जलियाँवाला बाग हत्याकांड, रौलेट ऐक्ट, होमरूल आंदोलन, खिलाफत आंदोलन, चंपारण सत्याग्रह आदि आंदोलनों के कारण देश का राजनीतिक वातावरण बहुत गर्म था।

अच्छे अंकों से मैट्रिक की परीक्षा उत्तीर्ण करने के बाद, आगे की पढ़ाई के लिए जयप्रकाश का प्रवेश पटना कॉलेज में कराया गया। उन्हीं दिनों उन्होंने महात्मा गाँधी पर लिखी एक पुस्तक पढ़ी, जिसमें गाँधीजी के सत्याग्रह और दक्षिण अफ्रीका में उनके अनुपम प्रयोगों के विषय में पढ़ा। गाँधीजी की अनूठी नीतियों का जयप्रकाश पर बहुत गहरा प्रभाव पड़ा। गाँधीजी के विचारों और उनकी नीतियों से प्रभावित होकर वे राजनीति, समाज-सुधार और स्वाधीनता पर अब खुलकर अपने विचार प्रकट करने लगे थे।

उस समय सरस्वती भवन छात्रावास शिक्षा के लिए बिहार में प्रसिद्ध था। छात्रावास में रहते हुये जयप्रकाश जब बड़े छात्रों से देश की समस्याओं के बारे में विचार-विमर्श सुनते तो उनके मन में भी देशभक्ति की लहरें उठने लगती थीं। सरस्वती भवन में वे अपने एक संबंधी शम्भुशरण वर्मा के साथ रहते थे।

इसी दौरान उनकी बहन का विवाह ब्रिजबिहारी सहाय के साथ हो गया जो पटना उच्च न्यायालय में कार्य करते थे। उन्हें वहाँ सरकारी आवास मिल गया तथा जयप्रकाश भी छात्रावास छोड़कर अपनी बहन के घर रहने लगे। उनके जीजाजी बड़े ही शांत प्रकृति के निष्ठावान और चरित्रवान व्यक्ति थे। जयप्रकाश के जीवन पर उनका बहुत प्रभाव पड़ा। उन पर गीता व रामचरित मानस का भी बहुत प्रभाव पड़ा क्योंकि ये ग्रंथ वे बचपन से ही पढ़ते थे।

उन दिनों जयप्रकाश साहित्य में अधिक रुचि लेने लगे थे। उस समय की प्रसिद्ध मासिक पत्रिका 'सरस्वती', मर्यादा व प्रभा को वे बड़े चाव से पढ़ते थे। मैथिलीशरण गुप्त उनके प्रिय कवि थे। उनकी देशभक्ति पर लिखी कविताओं का जयप्रकाश के मन पर बहुत प्रभाव पड़ा। साहित्य के साथ उनकी रुचि विज्ञान में भी थी अतः उन्होंने कॉलेज में भी विज्ञान विषय को ही चुना। उन दिनों देश की आजादी के लिये राजनैतिक वातावरण काफी गर्म था। पहले उनके मन पर क्रांतिकारी विचारों का प्रभाव था किंतु गाँधीजी के सम्पर्क में आने के बाद वे सदा के लिये गाँधीवादी बन गये।

❑❑❑

विवाह एवं उच्च शिक्षा

> *सच्ची राजनीति मानवीय प्रसन्नता को बढ़ावा देने के विषय में है।*

वर्ष 1920 में जयप्रकाश का विवाह ब्रजकिशोर बाबू की पुत्री प्रभावती से हुआ। विवाह के समय जयप्रकाश 18 वर्ष के थे तथा प्रभावती मात्र 14 वर्ष की थीं। ब्रजकिशोर श्रीनगर गाँव के रहने वाले थे यह गाँव जयप्रकाश के गाँव से कुछ मील दूर गंगा की उपजाऊ भूमि पर सारण जिले में बसा हुआ था।

जयप्रकाश नारायण एवं प्रभावती देवी

उन दिनों ब्रजकिशोर बिहार के अग्रणी कांग्रेसी नेताओं में से थे। सन् 1912 से 1916 तक वे बिहार-उड़ीसा विधान परिषद के सदस्य भी रहे थे। वे स्वाधीनता आन्दोलन तथा गाँधीजी द्वारा चलाये गये चम्पारण आंदोलन के

मुख्य नेता थे। इस प्रकार जयप्रकाश की पत्नी पर भी अच्छे परिवार व अच्छे संस्कारों का प्रभाव था।

इस विवाह को करवाने में जयप्रकाश के रिश्ते में भतीजे परन्तु आयु में बड़े शम्भुशरण वर्मा का बहुत सहयोग था क्योंकि वे ब्रजकिशोर के भी बहुत निकट थे तथा जयप्रकाश उनके चाचा लगते थे अतः इन दो परिवारों के मिलन का कार्य शम्भू के कर कमलों द्वारा हुआ था।

दोनों परिवार देश में एक स्वस्थ समाज की कल्पना करने वालों में से थे अतः विवाह बिना दान-दहेज व साधारण परम्पराओं के साथ हुआ। विवाह के बाद गौना प्रथा उस समय हिन्दुओं में उत्तरी भारत में थी। जिसे दूसरा विवाह कहा जाता था। विवाह के तीन-चार वर्ष बाद ही लड़की ससुराल जाती थी। परन्तु जयप्रकाश के उच्च शिक्षा प्राप्त करने के लिये अमेरिका जाने के विचार के कारण दो वर्ष बाद ही गौना करना पड़ा। इस विवाह के कारण ही जयप्रकाश का राजेन्द्र बाबू के साथ घनिष्ठ पारिवारिक सम्बन्ध बना था। इसी सम्बन्ध का परिणाम था कि जयप्रकाश नारायण गाँधीजी के सम्पर्क में आये और अन्त में गाँधीवादी बन गये।

एक दिन गाँधीजी ने पटना में एक बड़ी सभा को सम्बोधित किया। तब जयप्रकाश ने गाँधीजी को पहली बार देखा। उस समय विश्वयुद्ध के बाद भारत का राजनीतिक वातावरण गर्म था। चारों ओर ऐसी घटनायें घट रही थीं मानो किसी बड़े तूफान के आने का संकेत हो। श्रीमती ऐनी बेसेंट के होमरूल आंदोलन ने अंग्रेजों को भयभीत कर रखा था। रौलेट एक्ट के विरोध, जलियांवाला बाग की घटना के कारण व गाँधीजी द्वारा चलाये जा रहे असहयोग आंदोलन का जयप्रकाश नारायण जैसे युवाओं पर बहुत गहरा प्रभाव पड़ा।

जयप्रकाश ने राजनीति और समाज-सुधार से संबंधित अपने विचारों को लोगों तक पहुँचाने के लिए एक समिति का गठन किया। इस समिति की नियमित बैठकें होती रहती थीं। जिनमें देश के राजनीतिक व सामाजिक उत्थान की चर्चाएँ होती थीं।

गाँधीजी के असहयोग आंदोलन के कारण अनेक लोगों ने सरकारी नौकरियाँ छोड़ दी थीं। सरकार की ओर से मिली बड़ी-से-बड़ी उपाधि लौटाई जा रही थी। छात्रों ने स्कूल और कॉलेजों का बहिष्कार करना आरंभ कर दिया था।

पटना कॉलेज में पढ़ते हुए जयप्रकाश को दो वर्ष पूरे हो चुके थे। मार्च, 1921 की परीक्षा के 20 दिन शेष थे। जयप्रकाश और उनके साथियों ने एक दिन मौलाना अबुल कलाम आजाद का भाषण सुना, जिसमें उन्होंने अंग्रेजी शिक्षा की तुलना विष से की थी। मौलाना आजाद का भाव यह था कि अंग्रेजी शिक्षा पद्धति देश के युवकों के लिए विष का काम करती है। उनके भाषण से प्रभावित होकर जयप्रकाश ने कॉलेज छोड़ने का निर्णय लिया।

जयप्रकाश व उनके कुछ साथियों ने मिलकर यह विचार किया कि अंग्रेजी पढ़ाई हमारे काम की नहीं है। अंग्रेजों द्वारा चलाये जा रहे शिक्षण संस्थाओं में पढ़ना भी पाप है। फिर क्या था कॉलेज के सर्वोत्तम छात्रों ने कॉलेज की परीक्षा का बहिष्कार कर दिया और स्वराज्य आंदोलन में कूद पड़े। सबने मिलकर जलूस निकाला। वे राजेन्द्र बाबू से जा मिले और असहयोग आंदोलन से जुड़ गये। जयप्रकाश ने अपना रहन-सहन बदल लिया और खादी के वस्त्र पहनने लगे। इस प्रकार एक असहयोगी आंदोलनकारी जयप्रकाश नारायण का जन्म हुआ।

जयप्रकाश ने कॉलेज छोड़ने के बाद अपने पिता को एक पत्र लिखा, जिसमें उनसे क्षमा-याचना की कि उनकी अनुमति के बिना ही उन्होंने कॉलेज छोड़ दिया।

ब्रिटिश सरकार द्वारा चलाए जा रहे स्कूल-कॉलेजों का बहिष्कार करने वाले छात्रों की शिक्षा सुचारु रूप से चलाने के लिए गाँधीजी, लाला लाज़पत राय तथा कुछ अन्य नेताओं ने राष्ट्रीय कॉलेजों की स्थापना की। इनमें से एक 'बिहार विद्यापीठ' में जयप्रकाश ने प्रवेश लिया।

कुछ समय बाद बहुत से छात्रों ने पुनः पटना कॉलेज में जाना शुरू कर दिया परन्तु जयप्रकाश अपने वचन के पक्के रहे। उन्होंने बिहार विद्यापीठ से इन्टर साइंस की परीक्षा प्रथम श्रेणी से पास की। विद्यापीठ में आगे की पढ़ाई का प्रबंध नहीं था परन्तु जयप्रकाश ने अंग्रेजों से सहायता-प्राप्त संस्थाओं में विज्ञान न पढ़ने और विदेश जाकर शिक्षा प्राप्त करने का मन बना लिया। जब उन्होंने अमेरिका के लिये प्रस्थान किया तो प्रभावती गाँधीजी के साबरमती आश्रम में रहने चली गईं।

❑❑❑

अमेरिका में जीवन

एक हिंसक क्रांति हमेशा किसी न किसी प्रकार की तानाशाही लेकर आई है... क्रांति के बाद, धीरे-धीरे एक नया विशेषाधिकार प्राप्त शासकों एवं शोषकों का वर्ग खड़ा हो जाता है, लोग एक बार फिर जिसके अधीन हो जाते हैं।

जयप्रकाश 8 अक्टूबर, 1922 को अमेरिका पहुँचे और बर्कले स्थित कैलिफोर्निया विश्वविद्यालय पहुँच गए, लेकिन नया शिक्षा-सत्र आरंभ होने में अभी तीन महीने शेष थे। वे इतने समृद्ध नहीं थे कि इतने समय तक खाली घूमकर वहाँ रहने का खर्च उठा सकें, इसलिए उन्होंने इन तीन महीनों के समय का सदुपयोग करने का निश्चय किया।

वे अपने लिए किसी काम की तलाश में लग गए। उसी दौरान, एक दिन उनकी भेंट एक भारतीय व्यक्ति शेरखान पठान से हुई। वह एक देशभक्त व्यक्ति था। जयप्रकाश से वह बहुत प्रभावित हुआ। उसने उनकी आवश्यकताओं को देखते हुए उन्हें एक फलों के बगीचे में काम करने के लिए रख लिया।

वे वहाँ प्रतिदिन नौ घंटे काम किया करते थे। एक दिन की मजदूरी के रूप में उन्हें केवल चार डॉलर मिलते थे। इस प्रकार उन्होंने एक महीने तक कड़ी मेहनत की। वे साप्ताहिक अवकाश के दिन भी काम

करते थे। अपनी मेहनत के बल पर उन्होंने पहले ही महीने में लगभग 80 डॉलर बचा लिये।

कैलिफोर्निया विश्वविद्यालय का शिक्षा-सत्र जब आरंभ हुआ तो उनको विज्ञान संकाय के दूसरे वर्ष में प्रवेश मिल गया। वहाँ शिक्षा ग्रहण करने के दौरान उन्हें अनेक आर्थिक कठिनाइयों का सामना करना पड़ा। अपनी पढ़ाई का खर्च पूरा करने के लिए उन्होंने होटलों में बरतन धोने से लेकर बैरे तक का काम किया। कई बार कारखानों में मजदूर के रूप में भी काम करना पड़ा।

कैलिफोर्निया में जयप्रकाश बड़ी मेहनत और लगन से पढ़ाई कर रहे थे। दूसरे वर्ष के सत्र के अंत में जब परीक्षा परिणाम आया तो उसमें उन्हें 'ए' ग्रेड मिला; लेकिन इस सत्र में अच्छी सफलता प्राप्त करने के बाद भी वे अगले सत्र के लिए वहाँ पर नामांकन नहीं करा सके। कैलिफोर्निया की फीस पहले से ही जयप्रकाश के लिए दु:साध्य थी, इस सत्र में उसमें और भी वृद्धि कर दी गई थी।

जयप्रकाश ने अब कैलिफोर्निया विश्वविद्यालय छोड़कर 'आयोवा विश्वविद्यालय' में प्रवेश ले लिया। यहाँ पर उन्होंने जर्मन और फ्रांसीसी भाषा के साथ-साथ कुछ समय तक कैमिकल इंजीनियरिंग का भी अध्ययन किया। आयोवा विश्वविद्यालय के एक विख्यात प्राध्यापक ने जयप्रकाश को 'जे.पी.' कहकर संबोधित करना शुरू कर दिया। बाद में उनका यह संक्षिप्त नाम ही सर्वत्र लोकप्रिय हो गया।

जे.पी. एक वर्ष तक आयोवा विश्वविद्यालय में अध्ययन करने के बाद विस्कोंसिन विश्वविद्यालय चले गए। इस विश्वविद्यालय के कुलपति समाजवादी विचारधारा के थे। जे.पी. पर उनका गहरा प्रभाव पड़ा। उसी

दौरान उन्होंने मार्क्स, लेनिन आदि की पुस्तकों का अध्ययन भी किया। इसके बाद उनका झुकाव मार्क्सवाद की ओर होने लगा।

शिकागो में वे कामरेड मैनुअल गोमेज से मिले। उनसे प्रभावित होकर वे मॉस्को में पढ़ाई पूरी करने के लिये जाने की सोचने लगे थे क्योंकि अमेरिका में आर्थिक तंगी के समय उनको बताया गया था कि रूस में पढ़ाई के साथ-साथ रहन-सहन का खर्च भी सोवियत संघ वहन करेगा। किंतु किन्हीं कारणों से वे रूस नहीं जा सके।

जयप्रकाश ने अमेरिका की सामाजिक और राजनीतिक घटनाओं में रुचि लेनी आरम्भ कर दी। उन्होंने विज्ञान से हटकर समाजशास्त्र में अपना ध्यान लगाया, उनकी सोच थी कि अपने देश में क्रांति लाने के लिये विज्ञान की अपेक्षा समाजशास्त्र का अध्ययन उपयोगी सिद्ध हो सकेगा। इसी दौरान उनकी भेंट प्रसिद्ध समाजशास्त्रियों प्रो. एल्सवर्थ रौस और यंग से हो गई और उन्होंने वर्षों विज्ञान की जो पढ़ाई की थी उसको छोड़ दिया और समाजशास्त्र विषय को चुना।

जे.पी. ने अमेरिका में रहते हुए पाँच विश्वविद्यालयों में अध्ययन किया। वे लगभग सात वर्ष तक अमेरिका में रहे। वहाँ पर रहते हुए उन्होंने श्रम की महत्ता और मानवमात्र में समानता की उपयोगिता को भली प्रकार समझा। वर्ष 1928 में उन्होंने विश्वविद्यालय से बी.ए. की परीक्षा बहुत अच्छे अंकों में उत्तीर्ण की। उन्हें 20 हजार डॉलर की छात्रवृत्ति प्रदान की गई। उसके बाद विश्वविद्यालय में उन्हें सहायक प्रवक्ता की नौकरी भी मिल गई। विश्वविद्यालय में पढ़ाने के साथ-साथ उन्होंने एम.ए. के पाठ्यक्रम में नामांकन भी करवा लिया। कालांतर में यह परीक्षा भी उन्होंने अच्छे अंकों के साथ उत्तीर्ण कर ली। जयप्रकाश उन गिने-चुने

अनिवासी विद्यार्थियों में से थे जिन्हें आयोवा विश्वविद्यालय में सहायक प्राध्यापक होने का गौरव प्राप्त था।

जयप्रकाश एम.ए. की डिग्री प्राप्त करने के बाद अमेरिका में ही पी.एच. डी. की डिग्री प्राप्त करना चाहते थे। उसी समय उन्हें अपनी माता फूलरानी देवी की बीमारी का समाचार मिला। अब वे अति-शीघ्र स्वदेश लौटने की तैयारी में लग गए।

भारत लौटने पर जे.पी. अपनी माता की सेवा में जुट गए। वहाँ उन्हें पता चला कि उनकी पत्नी प्रभावती ने ब्रह्मचर्य व्रत ले लिया है। इस खबर से वे विचलित हुए, किंतु प्रभावती अपने व्रत पर अडिग रहीं। जे.पी. इसके लिए मानसिक तौर पर तैयार नहीं थे। प्रभावती का ब्रह्मचर्य संकल्प लेने का कारण यह था कि उनके अमेरिका चले जाने के बाद प्रभावती गाँधीजी और कस्तूरबा गाँधी के साथ साबरमती आश्रम में ही रहने लगी थीं।

अगले छह-सात वर्ष तक जे.पी. काफी ऊहापोह की स्थिति में रहे। अंत में उन्होंने निर्णय लिया कि अपनी पत्नी के साथ अब वे भी जीवन-पर्यन्त ब्रह्मचर्य व्रत का पालन करेंगे।

❑❑❑

गाँधीजी से परिचय

शांति के बिना लोकतंत्र को सुरक्षित और सुदृढ़ नहीं बनाया जा सकता। शांति और लोकतंत्र एक ही सिक्के के दो पहलू हैं, उनमें से कोई भी दूसरे के बिना अस्तित्व में नहीं रह सकता।

जब जयप्रकाश अमेरिका से भारत लौटे उस समय देश में राष्ट्रीय भावना अपनी चरम सीमा पर थी। उस समय देश के राजनैतिक-क्षितिज पर राष्ट्रीय आंदोलन की लकीरें इतनी गहरी हो चुकी थीं, जिनको मिटाना ब्रिटिश-सरकार के लिए असम्भव ही नजर आता था। वे अमेरिका से साम्यवाद के प्रबल समर्थक बन कर लौटे थे, लेकिन यहाँ के राष्ट्रीय समर में साम्यवादियों को न देखकर उनको जितना विस्मय हुआ, उससे कई गुना अधिक दुःख इस बात पर हुआ कि साम्यवादियों का तौर-तरीका गाँधीजी के आंदोलन का विरोध करने का ही रहा। परन्तु साम्यवादी जयप्रकाश ने तो लेनिन को इस रूप में पढ़ा था कि "गुलाम देश के साम्यवादी आजादी की लड़ाई से अपने-आपको अलग नहीं रख सकते।" किन्तु यहाँ तो साम्यवादियों का ढर्रा ही एकदम अलग था।

जयप्रकाश जब अमेरिका से लौटे उस समय उनकी पत्नी प्रभावती साबरमती आश्रम में रह रही थी। वह गाँधीजी की शिष्या बन गई थी। इसी कारण जयप्रकाश जब अमेरिका से लौटे तो गाँधीजी के संपर्क में

अपनी पत्नी के कारण आये और इसी कारण लाहौर अधिवेशन में भी भाग लिया। गाँधीजी के संपर्क में आने के बाद वे स्वतंत्रता आंदोलन में कूद पड़े। गाँधीजी की सलाह पर ही कांग्रेस पार्टी में शामिल हुए और नेहरूजी के सहयोगी के रूप में कार्य करने लगे।

उस समय पं. जवाहरलाल नेहरू कांग्रेस के अध्यक्ष थे। जे.पी. की योग्यता और उनके व्यक्तित्व से नेहरूजी बहुत प्रभावित हुए। धीरे-धीरे दोनों में बड़ी घनिष्ठता हो गई।

उन्हीं दिनों जे.पी. को पुनः अपनी माता की गंभीर बीमारी की सूचना मिली। सूचना पाते ही जे.पी. पटना पहुँच गए, लेकिन उनके पहुँचने से पहले ही उनकी माता का निधन हो चुका था। इस प्रकार शोकाकुल जे.पी. माता से अंतिम समय में बात भी नहीं कर पाए, न ही उनकी अंतिम क्रिया में शामिल हो सके।

अपनी माता की मृत्यु के आघात से जे.पी. बुरी तरह टूट गए थे। बाद में उन्हें पता चला कि माता की बीमारी के कारण उनका परिवार कर्ज के बोझ तले दबा हुआ है। उनके पिताजी भी उस समय तक सेवानिवृत हो चुके थे। प्रभावती गाँधीजी के आश्रम में रहती थीं क्योंकि उन्होंने वहाँ ब्रह्मचर्य के पालन का व्रत ले लिया था।

अपने घर की जर्जर आर्थिक स्थिति के कारण जे.पी. चिंतित तो हुए, लेकिन उन्होंने हार नहीं मानी।

प्रभावती भी तब गाँधीजी के साथ स्वतंत्रता आंदोलन में सक्रिय रूप से भाग लेने लगी थीं। इलाहाबाद में वे कमला नेहरू के साथ मिलकर महिलाओं का सफल नेतृत्व कर रही थीं। उनके नेतृत्व में जुलूस, सभाएँ, हड़ताल आदि अभियान जोर-शोर से चल रहे थे।

गाँधीजी ने जयप्रकाश की खराब आर्थिक स्थिति देखते हुये घनश्यामदास बिड़ला को पत्र लिखा जिसके आधार पर वे 6 महीने तक उनके निजी सचिव रहे और बाद में नेहरूजी के आग्रह पर इलाहाबाद चले गए। वहाँ कांग्रेस के मजदूर प्रभाग का भार संभाला। इलाहाबाद में रहते हुए वे नेहरूजी के इतने निकट आ गये कि, नेहरूजी ने उन्हें अपना भाई कहना आरम्भ कर दिया।

जवाहरलाल नेहरू एवं जयप्रकाश नारायण

जयप्रकाश नारायण को सन् 1932 में सविनय अवज्ञा आंदोलन के दौरान गिरफ्तार करके नासिक जेल में भेज दिया गया। यह उनकी प्रथम जेल यात्रा थी। वे 15 महीने बाद जेल से रिहा किये गये। भाग्यवश वहीं उनकी भेंट कई युवा कांग्रेसियों से हुई जिनमें अच्युत पटवर्धन, अशोक मेहता, युसूफ मेहरअली आदि प्रमुख थे। जब वे जेल से बाहर आये तो उनके विचारों में बहुत परिवर्तन आ चुका था। वे सोचने लगे कि ब्रिटिश अन्याय के सम्मुख आत्म-समर्पण आजादी हासिल करने का कोई कारगर हथियार नहीं है। अंग्रेजों को भगाने का केवल एक ही तरीका है कि उनकी लाठी का जवाब गोली से दिया जाये।

उधर कांग्रेस की नीतियों में कुछ लचीलेपन की आवृति हुई, जिससे राष्ट्रीय आंदोलन की गति मंद पड़ गई और जब आंदोलन अपनी प्रभावहीनता की स्थिति तक पहुँचने को हुआ, तो जयप्रकाश नारायण ने कांग्रेस के तौर-तरीकों का पुनर्मूल्यांकन करते हुए पाया कि, "समाजवाद कांग्रेस के लिए एक नीति है, और मेरे लिए एक आस्था है। आंदोलन चलाने के लिए कांग्रेस के पास नेताओं की कमी नहीं, नेतृत्व की कमी

है और यह नेतृत्व की अशक्तता का ही परिणाम है जो कांग्रेस का झुकाव समाजवादी नहीं, समझौतावादी बना है। बिना स्वराज्य हासिल किए किसी तरह का समझौता करना देश का दुर्भाग्य ही समझा जायेगा।" इन्हीं मूलभूत विचारों के साथ जे.पी. सोशल-डेमोक्रेट से सोशलिस्ट बन गए।

सन् 1934 में अशोक मेहता, अच्युत पटवर्धन, नरेन्द्र देव, युसूफ मेहरअली, मीनू मसानी तथा डॉ. राममनोहर लोहिया के साथ मिलकर जयप्रकाश ने कांग्रेस-सोशलिस्ट पार्टी बनाई थी। यह दल कांग्रेस का ही एक भाग था तथा इसमें अधिकांश सदस्य ऐसे नवयुवक थे जो समाजवाद में आस्था रखते थे तथा कांग्रेस की नीतियों को समाजवाद की दिशा में मोड़ना चाहते थे। इस नई पार्टी के महासचिव जयप्रकाश चुने गये। उन्होंने कांग्रेस व गाँधीजी के अहिंसात्मक ढंग का विरोध किया। उन्होंने आम जनता से अनुरोध किया कि ब्रिटिश सरकार को हटाकर देश को स्वतंत्र कराओ। सन् 1936 में फैजपुर अधिवेशन में वे कांग्रेस-सोशलिस्ट पार्टी के अध्यक्ष चुने गये।

सन् 1937 के चुनाव में जब कांग्रेस ने विधान सभा के चुनाव में भाग लिया तो जयप्रकाश नारायण ने कांग्रेस पार्टी छोड़ दी परन्तु देश के स्वाधीनता आंदोलन में उन्होंने एक राष्ट्रवादी योद्धा के रूप में भाग लिया और इस कर्त्तव्य से वे कभी भी पीछे नहीं हटे। सितम्बर, 1939 में द्वितीय विश्वयुद्ध आरम्भ हुआ तो गाँधीजी ने ब्रिटेन को बिना शर्त अपना समर्थन देना एक नैतिक पक्ष समझा था परन्तु जयप्रकाश गाँधीजी के इस कदम से सहमत नहीं थे। जयप्रकाश को आभास हो चुका था कि यदि समाज के मूलभूत ढाँचे में परिवर्तन लाना है तो जनशक्ति को साथ लेना अति आवश्यक है।

सन् 1939 में द्वितीय विश्वयुद्ध आरंभ हो गया। उस समय जे.पी. ने पटना में एक सभा को संबोधित करते हुए विश्वयुद्ध में अंग्रेजों का साथ न देने का आह्वान किया। अपने भाषण में उन्होंने कहा, "यह युद्ध साम्राज्यवादी युद्ध है। हम इसका विरोध करेंगे। आज हम सभा करके इसका ऐलान कर रहे हैं। इस अवसर का लाभ उठाकर हम अपने देश को स्वतंत्र कराने की कोशिश करेंगे।"

इसी क्रम में जे.पी. ने 18 फरवरी, 1940 को जमशेदपुर में ब्रिटिश सरकार को सीधी चुनौती दे डाली। यहाँ पर उन्होंने ब्रिटिश सत्ता को उलट देने का आह्वान करते हुए जनता को अंग्रेजी अदालतों तथा पुलिस का बहिष्कार करने की सलाह दी। जे.पी. के भाषण का प्रभाव जनता पर पड़ने लगा। इससे बौखलाकर अंग्रेज सरकार ने जे.पी. को गिरफ्तार कर लिया।

❑❑❑

जेल यात्रा

केवल वे लोग, जिनको लोगों पर भरोसा अथवा विश्वास नहीं है या जो लोगों का विश्वास जीतने में असमर्थ हैं, हिंसक तरीके अपनाते हैं।

सन् 1940 के अंत में जे.पी. को जेल से रिहा कर दिया गया। उन्होंने मुक्त होने पर यह निश्चय किया कि अब वे पुनः पकड़े नहीं जाएंगे। अतः उन्होंने भूमिगत रहकर स्वतंत्रता के लिए जनसंघर्ष के संचालन का निश्चय किया। वे गाँधीजी और सुभाषचंद्र बोस से मिले। इसके पश्चात् उन्होंने सम्पूर्ण देश में घूम-घूमकर अंग्रेजों के विरुद्ध जनमत तैयार करना आरंभ कर दिया। वेश बदलकर उन्होंने बिहार, संयुक्त प्रांत, गुजरात आदि प्रांतों में गुप्त सभाएं कीं। किंतु उनकी गतिविधियों की खबर अंग्रेज सरकार को लग गई।

पुलिस द्वारा जयप्रकाश पर नजर रखी जा रही थी। बिहार से गुजरात आदि का छद्म-वेश में दौरा करने के बाद बम्बई पहुँचने पर उन्हें 'भारत सुरक्षा कानून' के अन्तर्गत बन्दी बना लिया गया। इस बार उन पर कोई मुकद्दमा नहीं चलाया गया और अजमेर से 80 मील दूर देवली नामक स्थान पर उन्हें बन्दी बनाकर रखा गया। अंग्रेज सरकार ने युद्धबंदियों के लिए वहाँ एक कैंप बनवाया था। बाद में उसमें राजनीतिक बंदी रखे जाने

लगे। बाद में जे.पी. के विरोध करने पर 23 अप्रैल, 1941 को उन्हें बिहार की हजारीबाग जेल में स्थानांतरित कर दिया गया।

जयप्रकाश नारायण जिस समय हजारीबाग केन्द्रीय जेल में थे, वे क्रोधित एवं क्षुब्ध थे। उनकी स्थिति पिंजरे में बंद पक्षी की भाँति थी। उन्होंने जेल में ही 'सोशलिस्ट कोन्सोलिडेशन' का गठन किया। 'भारत छोड़ो' के नारे से वे रोमांचित हो उठे और उनका मन अंग्रेजी सरकार को उखाड़ फेंकने के लिए तड़प उठा।

प्रायः सभी बन्दियों ने जेल में ही असहयोग आंदोलन शुरू किया किंतु जे.पी. के अंदर धधकती हुई ज्वाला का शमन इस प्रतीकात्मक असहयोग से नहीं हुआ। अतः उन्होंने 8 नवम्बर, 1942 को जेल से भागने के निर्णय को अंजाम दिया। उन्होंने अपने कुछ विश्वस्त साथियों के साथ मिलकर योजना बनाई। उनके अन्य साथी थे–योगेन्द्र शुक्ल, सूर्यनारायण सिंह, गुलाबचंद्र, सालिगराम एवं रामचन्द्र मिश्र। दिवाली की रात को धोतियों में गाँठ लगाकर बनाई गई रस्सी के सहारे जयप्रकाश एवं उनके साथी जेल की दीवार को फाँदकर फरार हो गये।

जेल प्रशासन को उनके भागने की खबर दूसरे दिन सुबह लगी। पूरी रात उन्होंने जंगलों और झाड़ियों में भागते और दौड़ते हुए बिता दी। जयप्रकाश इस समय शाइटिका से पीड़ित थे। उन्हें उनके साथियों ने अपने कन्धों का सहारा दिया। कुछ यात्रा बैलगाड़ी से की गई। साहाबाद जिले से गुजरते हुए उन लोगों ने डेरी ओन-सोन से रेलगाड़ी पकड़ी और मुगलसराय होते हुए बनारस जा पहुँचे।

सरकार की ओर से सभी भागे हुए कैदियों को जिन्दा या मुर्दा पकड़कर लाने के लिए पाँच-पाँच हजार रूपये के इनाम की घोषणा की

गयी। कुछ दिन बाद जे.पी. के लिए यह राशि बढ़ाकर 10 हजार रुपये कर दी गई।

बनारस में विश्वविद्यालय के एक शिक्षक ने उन्हें रात भर के लिए शरण दी। इसके बाद विद्यालय के लॉन में वे रात काटने लगे। इस प्रकार बनारस भूमिगत आंदोलन का केन्द्र बना। उन्होंने आंदोलन के संचालकों से यहाँ सम्पर्क स्थापित किया। वे यहाँ से अच्युत पटवर्धन एवं अन्य साथियों को गुप्त रूप से आंदोलन को आगे बढ़ाने की योजना लिखकर भेजते थे। उन्होंने इस बीच बम्बई की भी यात्रा की और अंग्रेजों के विरुद्ध परचे छपवाकर बंटवाए।

जयप्रकाश नारायण बनारस में बैठकर क्रान्ति के संगठन के लिए योजना बनाने लगे। बनारस का यही मिलन स्थल बाद में परिवर्तित होकर दिल्ली कर दिया गया। तदुपरान्त जयप्रकाश ने अपने को एक गुरिल्ला लड़ाकू के रूप में प्रस्तुत किया और वे इस आंदोलन के नायक बन गये।

जे.पी. ने भारत के सभी लोगों से अपील की कि वे अंग्रेजों के विरुद्ध अंतिम संघर्ष के लिए तैयार हो जाएँ। उसी दौरान 'भारत छोड़ो आंदोलन' की घोषणा कर दी गई, जिसमें देश के कई बड़े नेताओं को गिरफ्तार कर लिया गया। जे.पी. ने देश के विभिन्न स्थानों पर घूम-घूमकर आंदोलन का नेतृत्व किया।

❑❑❑

आजाद दस्ते का गठन

युद्ध हमें और युद्धों की ओर ले जाया जाता है, और फिर पूर्ण विनाश की ओर। अहिंसा का विकल्प दुनिया की वर्तमान स्थिति का सामना करने का एकमात्र विकल्प है।

बम्बई में सितम्बर, 1942 के मध्य से ही भारत छोड़ो आंदोलन का 'केन्द्रीय निदेशालय' स्थापित हो चुका था तथा राममनोहर लोहिया, सुचेता कृपलानी, अच्युत पटवर्धन इत्यादि के ऊपर महत्वपूर्ण दायित्व था। पटवर्धन से मिलकर इन बातों का पता लगाने के बाद रामानन्द मिश्रा बम्बई से मद्रास और वहाँ से कलकता पहुँचे जहाँ वे लोहियाजी से मिले। उन्होंने उन्हें जयप्रकाश नारायण के विषय में बताया। सुनकर लोहियाजी अकेले ही जयप्रकाश से मिलने दिल्ली चल दिए।

जयप्रकाश नारायण

क्रिसमस के समय दिल्ली के केन्द्रीय निदेशालय की एक बैठक हुई जिसमें जयप्रकाश के साथ-साथ लोहिया, सुचेता कृपलानी, पटवर्धन,

अरुणा आसफ अली इत्यादि ने भाग लिया। वहाँ सम्पूर्ण भारत को आंदोलन हेतु पाँच क्षेत्रों में विभक्त कर दिया गया।

इन क्षेत्रों का विभाजन इसलिए किया गया था कि सम्पूर्ण भारत के आंदोलन की देख-रेख बम्बई से नहीं हो पा रही थी। इसी समय वे कलकता और मद्रास भी गये। पुलिस से बचने के लिए जे.पी. ने तरह-तरह की वेशभूषा बनाई और नाम बदले। पहले से ही कुछ अन्य साथी जो गुप्त रूप से आंदोलन चला रहे थे उनमें अच्युत पटवर्धन, राममनोहर लोहिया, अरुणा आसफ अली और दिवाकर प्रमुख थे। इनका एक संचालक मंडल था। बाद में इसका नेतृत्व जे.पी. करने लगे। जनवरी, 1943 में उन्होंने 26 जनवरी तारीख से नये कार्यक्रम आरंभ करने की घोषणा की।

देश के सभी नेता जेलों में बंद थे। जयप्रकाश ही सबसे प्रमुख सार्वजनिक कार्यकर्ता व सबसे बड़े 'नायक' थे जो स्वतंत्रता-संग्राम का नेतृत्व कर रहे थे। यह सरकार भी स्वीकार करती थी और सरकारी प्रचार के लिए प्रकाशित पुस्तिका ने शांतिभंग के लिए कांग्रेस के उत्तरदायित्व में जयप्रकाश को ही सर्वप्रथम दोषी ठहराया गया।

यह बड़ी होशियारी की ढोंगभरी पुस्तिका थी जिसमें कांग्रेसजनों को आपस में लड़ाने का प्रयास किया गया था और दूसरे यह दिखाने की कोशिश की गई थी कि कुछ बदनाम कांग्रेस वाले 1942 की हिंसा के लिए दोषी हैं। उसमें यह जताने का प्रयास भी किया गया था कि अंग्रेज तो बहुत शरीफ लोग हैं जो गाँधीजी जैसे महात्मा के विरुद्ध कुछ नहीं कर पा रहे तथा जयप्रकाश के आंदोलन व उन आंदोलनों में कोई अन्तर नहीं है जो भूमिगत रहकर, क्रांति के लिए चलाए जाते हैं और जिनमें आतंक, राजनैतिक डकैतियों व तोड़-फोड़ का सहारा लिया जाता है;

अनैतिक अवसरवादिता से काम लिया जाता है और जन-साधारण की सुरक्षा व भलाई का ध्यान नहीं रखा जाता।

जे.पी. तोड़-फोड़ कर सारी शासन व्यवस्था को ठप कर देना चाहते थे। इसके लिए उन्हें एक सशस्त्र संगठन की आवश्यकता अनुभव हुई। इसी उद्देश्य से उन्होंने 'आजाद-दस्ते' के गठन की योजना बनाई। उनका विचार था कि दस-दस की ऐसी टुकड़ियाँ बनाई जायें जिनका एक नायक हो। उन सबको हथियार चलाने और तोड़फोड़ करने का प्रशिक्षण दिया जाये और ये टुकड़ियाँ छापे मारकर अंग्रेजों को परेशान करें। यह निश्चित किया गया था कि नेपाल में इसके लिए एक कैम्प खोला जाये और वहीं लोगों को इस प्रकार का प्रशिक्षण दिया जाए।

जे.पी. बम्बई से मद्रास और कलकत्ता होते हुए बिहार आये जहाँ से सहरसा जिले को पार कर नेपाल पहुँचे। पुलिस को धोखा देने के लिए नाटक किया गया ... शादी के बाद दुल्हन के साथ वापस घर लौटने का। सज-धज कर जे.पी. आगे-आगे हाथी पर चले और पीछे-पीछे पालकी में अच्युत पटवर्धन की छोटी बहन विजया पटवर्धन चलीं।

इस प्रकार सन् 1943 में नेपाल में 'आजाद दस्ते' का गठन हुआ। हनुमान नगर के निकट लोगों को प्रशिक्षण दिया जाता था। उस समय वहाँ बिल्कुल जंगल था। प्रशिक्षण में परेड के साथ-साथ गोली चलाने, बम फेंकने आदि के बारे में बताया जाता था। साथ ही साथ प्रशिक्षणार्थियों के बौद्धिक विकास पर भी ध्यान दिया जाता था। भारतीय सेना के कई अवकाश प्राप्त जवान आजाद-दस्ते में शामिल हो गये और वे युवकों को प्रशिक्षण देते थे। सूरज नारायण सिंह कैप्टेन थे। योगेन्द्र शुक्ल इसके सेनाध्यक्ष थे।

भारत के सभी प्रांतों के युवक इसमें शामिल हुए थे। जे.पी. ने आजाद हिन्द फौज से भी सम्पर्क स्थापित किया और इंडोनेशिया से शस्त्र मँगवाये। काफी मात्रा में हथियार एवं गोलाबारूद जमा किया गया। उन लोगों ने अपना रेडियो स्टेशन भी स्थापित कर लिया था। मुजफ्फरपुर, दरभंगा, पूर्णिया आदि स्थानों पर परचे छापे जाते थे जिनमें इन गतिविधियों की जानकारी रहती थी। जे.पी. आजाद दस्ते के अध्यक्ष थे।

नेपाल में आजाद दस्ते का काम विधिवत् चलता रहा। वहाँ के राणा को इसकी पूरी जानकारी थी; किन्तु भारत के स्वाधीनता संग्राम से सहानुभूति होने के कारण वह आरंभ में तटस्थ रहे। बाद में नेपाल के राणा शासन पर अंग्रेजों को दबाव बढ़ता गया। अंततः जे.पी., लोहिया तथा अन्य चार-पाँच लोगों को गिरफ्तार कर लिया गया। उन लोगों को बैलगाड़ी पर बैठाकर हनुमान नगर ले जाया गया।

पुलिस उन्हें अंग्रेजी सरकार के सुपुर्द करने के लिए भारत की सीमा की ओर जा रही थी तब रास्ते में जयप्रकाश को आजाद दस्ते के एक स्वयं-सेवक लड़के से बात करने का अवसर मिल गया। जे.पी. ने उसे कैप्टेन सूरज के लिए संदेश दिया कि आजाद दस्ते को लेकर वो हनुमान नगर आयें और उन सबको छुड़ा लें। उस नवयुवक ने सन्देश फौरन कैप्टेन सूरज को पहुँचा दिया। हनुमान नगर में जे.पी. और उनके साथियों को पुलिस के जवानों की निगरानी में रखा गया।

चार दिन तक नेपाल पुलिस का पीछा करने के बाद 36 व्यक्तियों का एक दस्ता जयप्रकाश तथा अन्य लोगों को मुक्त कराने के लिए हनुमान नगर पहुँचा और पुलिस स्टेशन को घेरकर मध्यरात्रि को उसमें प्रवेश किया।

छापेमारों ने पहरेदारों पर गोली चलाई। एक वहीं मर गया, एक घायल हो गया। यदि वे जयप्रकाश को छुड़ा न पाते तो इस घटना के

लिए उन्हे फांसी हो सकती थी। एक गोली वहाँ लटके हुए घण्टे से लगी जिसकी वजह से और घंटियां बजने लगीं। जयप्रकाश और उनके साथियों ने राइफलें उठा लीं। राइफलें उठाकर बन्दीगण कारतूस तलाशने लगे जो कि सिपाहियों ने चतुराई से छिपाकर रख दिए थे। कारतूसों की तलाश में समय नष्ट करने के बजाय वे सभी जंगल की ओर भाग निकले। भागने वालों में जे.पी. के साथ लोहिया भी थे। चाँदनी रात थी। लगभग 8 मील चलने के बाद उन्होंने भारत की सीमा में प्रवेश किया तथा वेश बदल-बदल कर कई दिनों में कलकत्ता पहुँचे।

उधर सरकार ने जयप्रकाश नारायण और उनके साथियों की देशव्यापी खोज आरम्भ कर दी। पुलिस ने अनेक दुकानों और पूजा-स्थलों आदि की तलाशी ली। आंदोलन के शिथिल होने के कारण नेताओं पर पुलिस का दबाव बढ़ता जा रहा था। जे.पी. अनुभव करते थे कि आजादी प्राप्त करने के लिए देशवासियों को स्वयं लड़ना होगा। उनका स्पष्ट मत था कि विश्वयुद्ध आम लोगों के हित में नहीं है और इसे समाप्त करने के लिए दुनिया के आम लोगों को ही संगठित होना पड़ेगा।

उन्होंने सुभाषचंद्र बोस से मिलने का अथक प्रयास किया ताकि आजाद दस्ते और आजाद हिन्द फौज के बीच सम्बन्ध जोड़ा जा सके। बोस से सम्पर्क करने के लिए उनके द्वारा शीलभद्र याजी को ब्रह्मदेश (बर्मा) की ओर भेजा गया। लेकिन संपर्क नहीं हो पाया। दरअसल, जे.पी. की चिंता का एक मुख्य कारण यह था कि भारत की जनता पूरी तरह नेतृत्वहीन थी। उन्हें इस बात का रोष भी था कि नेतागण बड़े-बड़े आह्वान कर दिया करते हैं, लेकिन उसके लिए समुचित तैयारी नहीं करते।

पंजाब में भी तब राष्ट्रीय आंदोलन नाममात्र का था इसके प्रसार के लिए उन्हें विचार आया कि अफगानिस्तान के लोगों से सम्पर्क किया

जाये। इसके लिए सितम्बर, 1943 में वे दिल्ली से रेल द्वारा रावलपिंडी के लिए रवाना हुए। उनका वहाँ जाने का उद्देश्य उत्तर-पश्चिम सीमा प्रांत के क्रांतिकारियों से सम्पर्क करना तथा उन्हें राष्ट्रीय आंदोलन के लिए तैयार करना था। उधर पुलिस अधिकारी दिल्ली से ही उन पर नजर रखे हुए थे। 18 सितम्बर, 1943 को अमृतसर स्टेशन पर दो सिख और एक अंग्रेज सादी पोशाक में उनके डिब्बे में सवार हुए। उस अंग्रेज ने जे.पी. को टिकट दिखाने को कहा। फिर उसने पूछा, "क्या आप जयप्रकाश नारायण हैं?" जे.पी. ने उत्तर दिया, "बिल्कुल नहीं। मुझे नहीं मालूम आप किसके बारे में बात कर रहे हैं। मेरा नाम मेहराज मेहता है।"

उनके सामान की तलाशी ली गयी। उनके पास जो कागजात मिले उनसे संदेह पक्का हो गया कि वे जे.पी. ही हैं। उन्हें हथकड़ी लगाकर लाहौर के निकट मुगलपुरा स्टेशन पर उतारा गया। वहाँ उन्हें लाहौर के किले में रखा गया जो पहले 'शाही किला' के रूप में विख्यात था। इस प्रकार जे.पी. को 14 दिसम्बर, 1943 को राज्यापराधी घोषित किया गया। वहाँ जे.पी. को इतनी यातनाएँ दी गयी कि बाद में उन्होंने 'एसोसिएटेड प्रैस ऑफ इण्डिया' के साथ एक साक्षात्कार में उसे ब्रिटिश सरकार का 'यातनाग्रह' (टार्चर हाऊस) कहा था।

एक महीने तक उन्हें एकान्त अन्धेरी कोठरी में रखा गया। उसी में सोने से लेकर खाना-पीना; सब। किसी से मिलना जुलना नहीं। एक महीने तक सबसे अलग मौन की स्थिति में रहे। न कोई किताब, न अखबार, न कागज, न कलम। ऐसी सख्त हिदायत कि पहरेदार भी कोई उत्तर न देता था। दरवाजे के नीचे से भोजन की थाली खिसका दी जाती थी। मेहतर आकर सफाई कर जाता। भिश्ती घड़े में पानी भर जाता। किन्तु किसी के साथ एक शब्द भी बोलना मना था।'

महीने भर बाद उन्हें रोज जेल के कार्यालय में ले जाया जाता था उनसे घण्टों पूछताछ की जाती थी। शुरू में कुछ दिनों तक पूछताछ की अवधि ज्यादा लम्बी नहीं थी; परन्तु धीरे-धीरे यह समय बढ़ता गया। पहले सुबह 8 बजे से लेकर शाम 5 बजे तक हुआ; फिर रात दस बजे तक; और अंत में दिन-रात लगातार पूछताछ होने लगी। कभी-कभी थोड़े समय के लिए उन्हे जेल में वापस लाया जाता था। उनसे तरह-तरह के सवाल पूछे जाते थे – जेल से कैसे भागे, कहाँ-कहाँ रहे? किन लोगों ने मदद की? नेपाल कैसे गये? रावलपिंडी क्यों जा रहे थे, आदि? उन्हें उत्तेजित करने के लिए पुलिस अधिकारी गाँधीजी एवं अन्य नेताओं को भद्दी-भद्दी गालियाँ देते थे।

जयप्रकाश ने हैरेल्ड लास्की को अपने पत्र में लिखा है कि कभी-कभी पुलिस वाले खुशामद भी करते कि आप तो महान हैं। गाँधी और नेहरू के बाद आपका ही सम्मान है देश में। आप यदि मदद न करेंगे तो हमारी नौकरी चली जाएगी और बाल-बच्चे भूखे मर जायेंगे। इन सबका भी जब कोई असर नहीं हुआ तो यातना और बढ़ा दी गई। अंत के दस दिनों तक तो पूरे चौबीस घण्टे एक ही जगह कुर्सी पर बैठाकर रखा गया। दोनों हाथ पीछे मोड़कर बांध दिये गये और थोड़ी भी झपकी लगती तो गाल पर कसकर तमाचा जड़ दिया जाता। इन सारी यातनाओं के बावजूद उनका मनोबल नहीं टूटा।

अंत में थककर पुलिस ने उनसे पूछताछ बंद कर दी। एक दिन पंजाब सरकार के गृह सचिव ए.ए. मैकडोनाल्ड उनके पास आये और बोले, 'आपसे पूछताछ अब समाप्त हो गयी है।' उन्हें एक बेहतर कमरे में स्थानान्तरित कर दिया गया। उनके आग्रह पर उन्हें अखबार और कागज कलम दिये गये। पुस्तकें भी दी गयी। 18 फरवरी, 1944 को उन्हें

पहली बार नोट बुक मिली। अपने एकांत को दूर करने के लिए एक साथी कैदी को साथ रहने देने का भी अनुरोध उन्होंने किया था। उनका अनुरोध स्वीकार कर लिया गया और राममनोहर लोहिया को उनके पास भेज दिया गया। लोहिया को देखकर उन्हें इतनी खुशी हुई कि सहसा विश्वास ही नहीं हुआ कि यह सच है या स्वप्न।

इसके कुछ दिनों बाद जे.पी. और लोहिया को आगरा जेल में भेज दिया गया। जून 1945 में कांग्रेस के अन्य नेताओं को छोड़ दिया किंतु वे दोनों अभी भी जेल में ही थे। अंततः गाँधीजी व कांग्रेस के अन्य नेताओं के दबाव में 11 अप्रैल, 1946 को 31 माह के यातनाओं-भरे कारावास के बाद उन्हें रिहा किया गया। जे.पी. के जेल से रिहा होते ही सम्पूर्ण देश में खुशी की लहर दौड़ गई। तब विशेषकर युवा वर्ग में उनके लोकप्रियता नेहरूजी के पश्चात् थी।

उनकी रिहाई के कुछ दिनों बाद ही देश में विधानसभा चुनावों की घोषणा हो गई। समाजवादियों ने भी चुनाव में भाग लेने का निर्णय लिया। रिहा होने के पश्चात् उन्होंने आचार्य नरेन्द्रदेव के साथ कांग्रेस के भीतर कांग्रेस-सोशलिस्ट पार्टी (सी.एस.पी.) का गठन किया।

❑❑❑

कांग्रेस से मोहभंग

राजनीति की विकृतियों का एकमात्र सही इलाज अधिक राजनीति और बेहतर राजनीति है, ना कि राजनीति को नकारना।

सन् 1946 के विधान सभा चुनाव के समय आचार्य नरेन्द्रदेव उत्तर प्रदेश कांग्रेस कमेटी के अध्यक्ष थे, इसलिए बहुत सारे समाजवादियों को टिकट मिला था। इसी कारण आचार्यजी अपनी जिम्मेदारी और भी अधिक समझते थे। जे.पी भी उनके इस विचार से पूरी तरह सहमत थे। यह बात दीगर है कि बाद में उपचुनाव में सभी पराजित हो गये। उपचुनाव में जे.पी. ने भी समाजवादियों के पक्ष में जोरदार प्रचार किया। लेकिन इस हार के बावजूद समाजवादियों को अपने फैसले पर कोई अफसोस नहीं हुआ।

जयप्रकाश नारायण एक महान राष्ट्रीय संघर्षकर्त्ता थे। उन्होंने कैबिनेट मिशन योजना का विरोध किया। उन्होंने कहा कि यदि भारतीय संविधान सभा द्वारा निर्मित संविधान ब्रिटिश सरकार ने स्वीकार नहीं किया तो जनता में विद्रोह हो जायेगा। फरवरी, 1947 में कांग्रेस का झुकाव सत्ता की ओर होते देखकर जयप्रकाश समझ गए कि अब कांग्रेस केवल सत्ता के स्वार्थ की लड़ाई लड़ रही है। कांग्रेस के सत्ता प्राप्ति के मोह व जिन्ना के हठ के कारण ही विभाजित भारत स्वतंत्र हुआ था।

जे.पी. के विचारों की छाप सोशलिस्ट पार्टी पर भी पड़ रही थी। कांग्रेस-सोशलिस्ट पार्टी कांग्रेस के अन्तर्गत ही एक दल था। जयप्रकाश इस दल के संस्थापक सदस्य थे। वे इस दल के अध्यक्ष एवं महामन्त्री रहे थे। उनका कांग्रेस की नीतियों से मोहभंग हो रहा था। इसलिए फरवरी, 1947 में कांग्रेस-सोशलिस्ट पार्टी के अनुसार अधिवेशन में पार्टी के नाम से कांग्रेस हटाने का निर्णय किया गया। इस फैसले के पीछे भी जे.पी. के विचारों का महत्त्वपूर्ण योगदान था। यह भी तय हुआ कि सोशलिस्ट पार्टी की सदस्यता के लिए कांग्रेस का सदस्य होना अनिवार्य नहीं होगा।

जे.पी. सोशलिस्ट पार्टी को कांग्रेस से पूरी तरह अलग करने के हिमायती थे। अन्ततः सन् 1948 के नासिक अधिवेशन में कांग्रेस छोड़ने का निर्णय सर्वसम्मत्ति से किया गया। यद्यपि आचार्य नरेन्द्र देव, डॉ. राममनोहर लोहिया आदि कांग्रेस से पूरी तरह अलग होने के पक्ष में नहीं थे; लेकिन उन लोगों ने जे.पी.. का विरोध नहीं किया। आचार्यजी का यह विचार था कि अभी स्थिति इतनी परिपक्व नहीं हुई है कि कांग्रेस से सम्बन्ध पूर्णतः तोड़ लिया जाए। इसके अलावा वे यह भी मानते थे कि ऐसी स्थिति बनती जा रही है कि अपने आप ही समाजवादियों को कांग्रेस से निकाल दिया जाएगा।

जे.पी. ने कांग्रेस छोड़ने के बारे में गाँधीजी से परामर्श किया। गाँधीजी ने इसका सैद्धान्तिक विरोध नहीं किया, लेकिन कहा कि इससे समाजवादियों को कठिनाई होगी। तब जे.पी. ने गाँधीजी को स्पष्ट किया कि लोकतंत्र में सत्ता पक्ष के साथ-साथ एक विरोधी पक्ष का होना भी आवश्यक है। इस पर गाँधीजी ने विश्वास व्यक्त किया, "ठीक है। मैं जानता हूँ कि तुम जहाँ रहोगे, वहाँ देश की सेवा करोगे। बहादुर हो।"

नेहरूजी से भी जे.पी. की इस विषय में चर्चा हुई। नेहरूजी ने उन्हें पत्र लिखा, "यदि हम लोग अलग हो ही रहे हैं तो हम दोस्तों की तरह अलग हों, दुश्मनों की तरह नहीं।"

जयप्रकाश नारायण आरंभ से ही देश के विभाजन के विरोधी थे। 15 अगस्त, 1947 को खण्डित होकर देश आजाद हुआ। देश के बंटवारे से जयप्रकाश बहुत दुःखी थे। फिर भी वे गाँधीजी की आज्ञा मानकर बिहार में जाकर एकता के कार्य में जुट गये क्योंकि गाँधीजी की क्रांति चेतना जयप्रकाश के चरित्र की विशेषता रही। सन् 1948 में जयप्रकाश ने कांग्रेस छोड़ दी। कांग्रेस को उन्होंने अपने खून-पसीने से सींचा था तथा अपने भविष्य की इच्छायें इस पार्टी पर न्यौछावर कर दी थीं।

जे.पी. अपनी पार्टी के तथा अन्य लोगों को यह समझाते रहे कि राजनीतिक का मतलब सिर्फ सत्ता पर कब्जा करना नहीं है। उन्होंने समाजवादियों को यह भी सलाह दी कि वे लोगों को समझायें कि कांग्रेस का विरोध करना देश का विरोध करना नहीं है। लेकिन बाद में जे.पी. को यह अनुभव हुआ कि कांग्रेस छोड़ने के बजाए यदि समाजवादी विचारधारा के लोग कांग्रेस के अन्दर रहते तो कांग्रेस की नीति को प्रभावित कर समाजवादी व्यवस्था जल्द लायी जा सकती थी।

कांग्रेस के प्रति उनका विरोध तब और मुखर हो गया जब 30 जनवरी, 1948 को गाँधीजी की हत्या हो गई। बापू की निर्मम हत्या से जे.पी. बहुत विचलित हुए और उन्होंने वक्तव्य जारी किया कि जो सरकार राष्ट्रपिता की रक्षा कर पाने में भी अक्षम है उसे सत्ता में बने रहने का कोई अधिकार नहीं है। उन्होंने माँग की कि या तो केन्द्र सरकार इस्तीफा दें या कम-से-कम गृहमंत्री, सरदार वल्लभभाई पटेल इस्तीफा दें। जे.पी. की इस माँग पर देश-विदेश में बड़ी चर्चा हुई।

इससे यह पता चलता है कि जे.पी. धीरे-धीरे गाँधीजी के बहुत निकट आ चुके थे। उनकी हत्या के ठीक एक दिन पहले 29 जनवरी, 1948 को जे.पी. और प्रभावती बापू से विदा लेकर गए थे। जे.पी. बम्बई गए थे और प्रभावती पटना। बापू की हत्या का समाचार सुनकर जे.पी. तुरंत दिल्ली वापिस आ गये और उनकी शवयात्रा में शामिल हुए।

मार्च, 1948 में जयप्रकाश नारायण ने कांग्रेस की नीतियों को देखते हुए अलग सोशलिस्ट पार्टी बना ली जिसमें राममनोहर लोहिया एक प्रमुख नेता थे। सन् 1949 में पटना में उनके नेतृत्व में अभूतपूर्व सम्मेलन किया तथा सन् 1950 में सोशलिस्ट पार्टी के संगठन व प्रचार के लिये देशव्यापी दौरा किया।

देश की राजनीतिक, सामाजिक व आर्थिक स्थिति को देखते हुए जयप्रकाश के विचार समाजवाद से गाँधीवाद की ओर तथा अंत में सर्वोदय की ओर झुकते गये। सन् 1950 में जब जयप्रकाश बांद्रा में विनोबा भावे से मिले तो उनसे बहुत प्रभावित हुये क्योंकि विनोबाजी ने भूदान आंदोलन आरंभ कर दिया था। इस प्रकार धीरे-धीरे जयप्रकाश ने सर्वोदय के कार्यक्रमों में भाग लेना आरम्भ कर उसी की ओर अपनी विचारधारा मोड़ ली।

सन् 1951-52 के स्वतंत्र भारत के प्रथम आम चुनाव में सोशलिस्ट पार्टी को हार का सामना करना पड़ा। उन्हें केवल 12 सीटों पर सफलता प्राप्त हुई थी। जयप्रकाश नारायण को सत्ता में बने रहने का न तो कोई मोह था और न ही सत्ता के लिए वे अपने आदर्शों की मर्यादा भंग करने के अभ्यस्त थे। इसीलिए पार्टी पर अपना प्रभुत्व जमाये रखने की अपेक्षा पार्टी का सलाहकार बनकर मार्गदर्शन करना ही उचित समझा। इसका दूरगामी प्रभाव यह हुआ कि उनकी पार्टी का संगठन बिखरने से बच गया

और एक नए सिरे से समाजवादी विचारों को उभरने का मौका मिला। इसके पश्चात् पार्टी का नाम 'प्रजा सोशलिस्ट पार्टी रख दिया गया।

जयप्रकाश नारायण ने सन् 1952 में एक लेख लिखा, 'समाजवाद से सर्वोदय की तरफ' जिसमें कहा कि, "सत्ता की राजनीति समाज में समानता, स्वतंत्रता व भाईचारा नहीं ला सकती।" पूना में आकर उन्होंने तीन सप्ताह का उपवास आत्मा-शुद्धि के लिये किया और कहा कि, यह उपवास मेरी आंतरिक शुद्धता के लिये जरूरी है। उपवास के बाद उन्होंने कहा कि पहले अपनी इच्छाओं को नियन्त्रित करना हमारे लिये जरूरी है।

मार्क्सवादी-जयप्रकाश के अंदर कालांतर में गाँधीत्व के जो गुण नजर आये, यह उसी की परिणति थी कि पूना में उन्होंने इक्कीस दिन तक आंतरिक शुद्धि और आत्म-आलोक के लिए सफल उपवास रखा। गाँधीजी की ओर मुड़ने वाले जयप्रकाश अब जैसे देवतुल्य बनकर खड़े थे।

सन् 1947 और 1953 के बीच जयप्रकाश नारायण अखिल भारतीय रेलवे कर्मचारी संघ के अध्यक्ष थे, जो भारतीय रेलवे का सबसे बड़ा श्रमिक संघ था।

फरवरी, 1953 में नेहरूजी ने जयप्रकाश नारायण को सरकार में शामिल होने के लिये निमन्त्रण दिया परन्तु उन्होंने स्पष्ट मना कर दिया।

सन् 1954 में जयप्रकाश नारायण ने राजनीति को सदा के लिये त्याग दिया और भूदान आंदोलन से जुड़ गये। शकोदर में एक आश्रम की स्थापना कर भूदान, ग्रामोत्थान तथा सर्वोदय के लिये कार्यक्रम आरंभ कर दिये। गाँव-गाँव जा कर भूदान के लिये लोगों को तैयार कर समाज में समानता के लिये कार्य आरम्भ कर दिया। वे सत्ता के केन्द्रीयकरण और नौकरशाही के विरूद्ध थे।

पुराने घिसे-पिटे विचारों, रूढ़ियों और जातिवाद की कठोर सीमाओं में बंधकर चलना जयप्रकाश का गुण नहीं था। इन सब बातों को जयप्रकाश वैचारिक जड़ता ही मानते थे, जिनसे चिपक कर रहने की किसी भी बुद्धिमान व्यक्ति से अपेक्षा नहीं की जा सकती। उनकी विचार-यात्रा की महत्त्वपूर्ण मंजिल सर्वोदय और संत विनोबा का भूदान-यज्ञ अनुष्ठान थी, जिस तक पहुँच के लिये उन्होंने अपना सारा जीवन ही अप्रैल, 1954 को बोधगया में 'सर्वोदय-आंदोलन' को समर्पित कर दिया।

उधर जयप्रकाश की पत्नी प्रभावती ने यह निर्णय लिया कि वो अपना सम्पूर्ण जीवन गाँधीजी के विचारों को आगे बढ़ाने के लिये सामाजिक कार्यकर्ता के रूप में कार्य करेंगी।

❑❑❑

समाज सेवा

हम सर्वोदय आंदोलन में लोगों की पहल पर बल देते हैं—लोकशक्ति राजशक्ति के समान है।

अप्रैल 1953 में चांडिल्य में सर्वोदय सम्मेलन का आयोजन किया गया। यहाँ पर विनोबा भावे ने मर्मस्पर्शी व्याख्यान दिया। यही व्याख्यान 'सर्वोदय का घोषणा-पत्र' के रूप में प्रसिद्ध हुआ। इससे प्रभावित होकर जे.पी. ने कहा, "आज मेरे सारे संदेह मिट गए हैं। मैं स्वयं को विनोबा का शिष्य कहने और कहलाने के लिए तैयार हूँ।"

19 अप्रैल, 1954 को बोधगया में सर्वोदय सम्मेलन हुआ। यहाँ 'भूदान आंदोलन' के प्रति अपनी प्रतिबद्धता जताते हुए उन्होंने कहा, "यह एक ऐसा आंदोलन है, जिसमें एक साल या पाँच साल देने से काम नहीं चलेगा...... इसके लिए मैं जीवनदान की घोषणा करता हूँ।" इस आंदोलन की सफलता के लिए जे.पी. ने महत्त्वपूर्ण कार्य किया।

सन् 1957 में जे.पी. ने लोकनीति के पक्ष में राजनीति छोड़ने का निर्णय लिया। वे महात्मा गाँधी के सर्वोदय दर्शन से बहुत प्रभावित थे। उन्होंने अपने प्रसिद्ध पत्र में कलकत्ता से दिसम्बर, 1957 में लिखा था, जो कि प्रजा सोशलिस्ट पार्टी को भेजा गया था, उसमें लिखा है कि वे

सभी दर्शनों में सर्वोदय को प्राथमिकता देंगे, चाहे उसमें समाज दर्शन ही क्यों न हो क्योंकि उन्होंने इसके लिए ही राजनीति को त्याग दिया था।

अप्रैल, 1958 में उनके पत्रों, भाषणों व लिखी गई सामग्री को 'नये समाज की ओर' नामक शीर्षक से एकत्र किया गया। इस वर्ष जय प्रकाश नारायण व प्रभावती दोनों समाजवादी संगठनों के निमंत्रण पर यूरोप गये थे तथा सितम्बर, 1958 में वापस आये। यूरोप की यात्रा के पश्चात् उन्हें राजनीति को पिरामिड के आधार पर स्थापित करने की सोच को ध्यान में रखते हुये कहा था कि राजनीति गाँव से आरम्भ करनी चाहिये। उनका विचार था कि ऊपर के स्तर की अपेक्षा नीचे के स्तर पर कार्य व शक्तियाँ प्रयोग होने चाहियें। वे सर्वसम्मत व पार्टी विहीन लोकतंत्र में विश्वास रखने लगे थे जिससे चुनावों में झगड़े नहीं होंगे। जे.पी. राजनीति से विमुख होकर, सर्वोदय और भूदान के माध्यम से देश में एक सम्पूर्ण अहिंसात्मक क्रांति का सपना देख रहे थे।

सन् 1959 में जब चीन ने तिब्बत की स्वतंत्रता को कुचला तो जे.पी. इतिहास के अन्यायपूर्ण अध्याय को देखकर बहुत विचलित हुए। मद्रास और कलकत्ता के तिब्बत सम्मेलन में उन्होंने बड़ी निडरता से मानवीय अधिकारों का प्रश्न उठाया। विश्वशान्ति की निष्ठा को गरिमा व प्रगति देने के लिए सन् 1961 के सितम्बर के महीने में वे लंदन के अन्तर्राष्ट्रीय शान्तिवादियों की 'निशस्त्रीकरण परिषद्' में शामिल हुए। सन् 1962 में भारत पर चीन का विश्वघाती हमला हुआ। चीन के हमले के समय भी जे.पी. की आस्था डिगी नहीं, वे अपने विचारों पर अडिग रहे।

सन् 1963 के अन्त में जयप्रकाश नारायण ने निर्णय लिया कि देशभर में घूमने के बजाय किसी क्षेत्र-विशेष को चुनकर वहाँ ग्रामदान और शक्तिसेना का काम करेंगे।

27 मई, 1964 को पं. नेहरू का देहान्त हुआ। उनके निधन से जयप्रकाश नारायण को बहुत आघात पहुँचा। जयप्रकाश व प्रभावती के प्रयासों से नागा समस्या का हल निकला। दोनों ने जनता के बीच जा कर जनता में देश-प्रेम की भावना को जगाया और 6 दिसम्बर, 1964 को नागा विद्रोहियों ने शस्त्र विराम की घोषणा कर दी। उन्हीं के प्रयासों से आज नागालैंड भारत का अंग है। सन् 1966-67 में बिहार में भयानक अकाल पड़ा। अक्टूबर, 1966 में जयप्रकाश नारायण ने बिहार रिलीफ कमेटी गठित की। अकाल से टूटती जनता में आत्मबल जगाने के लिए उन्होंने कई दौरे किये। उन्हीं के प्रयत्नों से देश-विदेश से बड़ी मदद प्राप्त हुई। इसी वर्ष उनके अभिन्न मित्र राममनोहर लोहिया का निधन हो गया। इस आघात से जयप्रकाश नारायण अत्यंत व्यथित हुए।

अप्रैल 1972 में चम्बल घाटी तथा बुन्देलखंड के सैकड़ों दुर्दांत बागियों ने जयप्रकाश नारायण के विचारों से प्रभावित होकर गाँधीजी के चित्र के सामने अपनी बन्दूकें रख दीं और स्वेच्छा से आत्म-समर्पण कर दिया। जीरा पगारा और ग्वालियर में जयप्रकाश जी के समक्ष आत्म-समर्पण की यह घटना विश्व के इतिहास में अनुपम थी। इस समर्पण के लिए कई वर्ष पूर्व आचार्य विनोबा भावे ने बीजारोपण किया था और अब यह उसी का प्रतिफल था। जे.पी. ने उस समस्या को सहज ही सुलझा दिया, जिसको करोड़ों रुपये खर्च करके सरकार व पुलिस नहीं सुलझा सकी थी।

इस अनूठी घटना में बड़ी संख्या में चंबल के खूँखार डाकुओं ने जे.पी. के समक्ष आत्मसमर्पण किया और शांतिपूर्ण ढंग से जीने का संकल्प लिया। इस आत्मसमर्पण को शताब्दी का सबसे बड़ा आत्मसमर्पण माना गया।

❑❑❑

आपातकाल से संघर्ष

केवल वे लोग, जिनको लोगों पर भरोसा अथवा विश्वास नहीं है या जो लोगों का विश्वास जीतने में असमर्थ हैं, हिंसक तरीके अपनाते हैं।

जयप्रकाश का जीवन कभी आराम और शांति का नहीं रहा। अब उनके मन में समग्र क्रांति की योजना आई और वे उसके लिए कार्य करने लगे। सन् 1972 के आम चुनाव में राजनीति में भ्रष्टाचार के जिस नंगे नाच की तस्वीर राष्ट्रीय स्तर पर देखने को मिली उसमें सम्पन्नता और सहयोग वाली राजनीति की जगह बाहुबल और छल-प्रपंच की राजनीति देश के धरातल पर अपना सिक्का जमाने लगी थी। इसके विरुद्ध जयप्रकाश ने देश की जनता को जागरूक किया जिसका सुपरिणाम सन् 1977 में देखने को मिला।

जयप्रकाश नारायण

इसी दौरान 15 अप्रैल, 1973 को उनकी पत्नी प्रभावती का देहान्त हो गया। इससे उन्हें

बड़ा आघात पहुँचा और उन्होंने लिखा था कि प्रभावती की मृत्यु के बाद जीवन का आनन्द समाप्त हो गया। वे राष्ट्र को कुशासन से बचाने के लिए व गरीबों को गरीबी से बचाने के लिए कार्यबद्ध होकर साहस व उत्साह के साथ गाँवों में अहिंसात्मक ढंग से नये जीवन का संचार करने व उन्हें क्रांति की ओर ले जाने के लिए धैर्यपूर्वक, निःस्वार्थ होकर कार्य करते रहे। अब जयप्रकाश सम्पूर्ण क्रांति के लिए तैयार हो गये। सन् 1974 जे.पी. के जीवन का एक महत्त्वपूर्ण वर्ष बन गया।

बनारस के छात्रों की एक सभा में बोलते हुये उन्होंने कहा, "अब समय आ गया है कि छात्र एवं युवा वर्ग प्रजातन्त्र की रक्षा के लिए तैयार हो जाएं। गुजरात के नवनिर्माण आंदोलनकारियों ने जयप्रकाश से अपने शांतिपूर्ण आंदोलन का नेतृत्व करने के लिए कहा। देश की राजनीतिक स्थिति को देखते हुए जयप्रकाश ने 20 वर्षों के राजनीतिक वनवास को छोड़ा और छात्रों के नवनिर्माण आंदोलन में भाग लेकर छात्रों की मांगों के अनुसार सरकार पर दबाव डालकर विधानसभा तक भंग करवा दी। तब उन्होंने कहा था–"छात्र देश की राजनीति को नई दिशा दे सकते हैं।"

जयप्रकाश नारायण ने सन् 1974 में सम्पूर्ण देश को एक नया आलोक दिया, विद्रोह की नयी चिंगारी जगाई। बांझ राजनीति, जड़ताग्रस्त समाज और उदासीन बौद्धिक वर्ग, दिशाहीन युवा वर्ग तथा अलग-अलग दलों में बंटे राजनीतिज्ञों को दिशा दी जिससे समाज की राजनीतिक ऊर्जा का रुका हुआ प्रवाह फूट पड़ा। 1974 में किसानों के बिहार आंदोलन में उन्होंने तत्कालीन राज्य सरकार से इस्तीफे की माँग की।

18 मार्च, 1974 का छात्र प्रदर्शन बिहार के इतिहास में एक ऐतिहासिक प्रदर्शन था। सरकारी इमारतों में आग लगा दी गई। सदन के भीतर बिहार के राज्यपाल अपना अभिभाषण पढ़ते रहे और सदन के बाहर उग्र

भीड़ पर हिंसक तत्वों के हाथों पत्थर बरसते रहे। बिहार में हुई इस व्यापक आगजनी, लूट, हिंसा, गोलीकांड, कर्फ्यू के पश्चात् भी छात्रबल का आंदोलन क्षीण नहीं हुआ। 8 अप्रैल 1974 को, 72 वर्ष की आयु में, उन्होंने पटना में एक मूक जुलूस का नेतृत्व किया। 9 अप्रैल को छात्रों ने जयप्रकाश नारायण को 'लोकनायक' की उपाधि से विभूषित किया और जे.पी. ने शहर में लगी धारा 144 को तोड़कर गाँधी मैदान में संघर्ष की लम्बी लड़ाई लड़ने की ऐतिहासिक घोषणा की थी।

छात्र संघर्ष समिति के आग्रह पर जयप्रकाश नारायण ने इस आंदोलन का नेतृत्व किया। इस आंदोलन की मुख्य माँग तत्कालीन अब्दुल गफ्फार सरकार को भंग कर नये चुनाव की मांग थी। 5 जून, 1974 को जे.पी. ने 'समग्र क्रांति' का नारा दिया। पटना के गाँधी मैदान में एक बड़ी रैली को संबोधित करते हुए जे.पी. ने कहा, "भ्रष्टाचार मिटाना, बेरोजगारी दूर करना, शिक्षा में क्रांति लाना, आदि ऐसी चीजें हैं जो आज की व्यवस्था से पूरी नहीं हो सकतीं; क्योंकि वे इस व्यवस्था की ही उपज हैं। वे तभी पूरी हो सकती हैं जब सम्पूर्ण व्यवस्था बदल दी जाए और सम्पूर्ण व्यवस्था के परिवर्तन के लिए क्रांति, 'सम्पूर्ण क्रांति' आवश्यक है। सम्पूर्ण क्रांति में सात क्रांतियाँ शामिल हैं–राजनैतिक, आर्थिक, सामाजिक, सांस्कृतिक, बौद्धिक, शैक्षणिक व आध्यात्मिक क्रांति। इन सातों क्रांतियों को मिलाकर सम्पूर्ण क्रांति होती है।"

1 नवम्बर, 1974 को जयप्रकाश और श्रीमती इंदिरा गाँधी के बीच बातचीत असफल हो गई क्योंकि श्रीमती गाँधी ने सरकार भंग करने व नये चुनाव करवाने से स्पष्ट मना कर दिया। इसके बाद जे.पी. ने छात्र संघर्ष समिति को अपना नैतिक समर्थन देने की घोषणा कर दी जिससे श्रीमती गाँधी और जे.पी. के बीच सीधा टकराव हो गया।

जयप्रकाश नारायण की विचारधारा से प्रभावित होकर ज्यों-ज्यों लोगों की जनजागृति और राजनैतिक चेतना बढ़ती चली गई, त्यों-त्यों जयप्रकाश का व्यक्तित्व भी विस्तार पाता चला गया। जयप्रकाश के राज्यव्यापी दौरों से जनजागृति के माहौल में तब ठहराव आया जब रेल मंत्री श्री ललितनारायण मिश्र की बिहार में बम फेंककर हत्या कर दी गई।

12 जून, 1975 को इलाहाबाद हाइकोर्ट ने श्रीमती इंदिरा गाँधी के खिलाफ विपक्षी नेता राजनारायण की याचिका को स्वीकृति प्रदान की। कोर्ट का निर्णय श्रीमती गाँधी के विरूद्ध हुआ। विरोधी दलों ने अपने-आपको एक आम मोर्चा के रूप में संगठित करना आरंभ कर दिया तथा जे.पी. को इसका नेतृत्व करने हेतु आमंत्रित किया गया।

26 जून, 1975 की प्रातः श्रीमती इंदिरा गाँधी ने देश में आपातकाल की घोषणा की और जे.पी. के शब्दों में, "25 जून, 1975 तक भारत दुनिया का सबसे बड़ा लोकतंत्र था, 26 जून, 1975 को वह अधिनायक तन्त्र में परिवर्तित कर दिया गया।"

इसी दौरान देश के प्रमुख नेताओं जयप्रकाश नारायण, मोरारजी देसाई, अटल बिहारी वाजपेई, लालकृष्ण आडवाणी, मुरली मनोहर जोशी, चौ. चरण सिंह, चौ. देवीलाल, प्रकाश सिंह बादल, आदि सहित 600 से भी अधिक नेताओं को गिरफ्तार कर देश की विभिन्न जेलों में भेज दिया गया।

गिरफ्तार करके जे.पी. को हरियाणा के सोहना नामक स्थान पर ले जाया गया। तीन दिन के बाद उनकी तबीयत खराब हो गई तो उन्हें नई दिल्ली के अखिल भारतीय आयुर्विज्ञान संस्थान में भर्ती कराया गया। वहाँ दो दिन के उपचार के बाद जे.पी. को वायुमार्ग से चंडीगढ़ ले जाया गया। उनकी गंभीर बीमारी को देखते हुये 12 नवम्बर, 1975 को उन्हें रिहा कर दिया। अन्य प्रमुख विपक्षी नेता जेल में ही बंद रहे।

अंततः विश्व के दबाव के कारण श्रीमती गाँधी ने 18 जनवरी, 1977 को कहा कि मार्च, 1977 में लोकसभा के चुनाव करवाये जायेंगे। जयप्रकाश नारायण के प्रयासों से मोरारजी देसाई, अटल बिहारी वाजपेई, चौ. चरण सिंह व अन्य कांग्रेस के विरोधी नेताओं ने मिलकर एक नई पार्टी का गठन कर आगामी चुनाव संयुक्त रूप से लड़ने की रूपरेखा तैयार की।

23 जनवरी, 1977 को चार विरोधी दलों ने अपने स्वतंत्र अस्तित्व को समाप्त कर एक नई पार्टी का निर्माण किया। किंतु साम्यवादी इस नई पार्टी में सम्मिलित नहीं हुए। इस प्रकार 'जनता पार्टी' के नाम से एक नये राजनीतिक दल का जन्म भारतीय राजनीति में हुआ। 28 फरवरी को जयप्रकाश नारायण ने सच्चे लोकतंत्र के उदय को सामने रखकर एक महत्त्वपूर्ण बयान दिया।

सम्पूर्ण आपातकाल के दौरान कांग्रेस द्वारा जे.पी. के विरुद्ध एकतरफा धुआंधार प्रचार हुआ पर आपात स्थिति में ढील आते ही यह स्पष्ट हो गया था कि इस प्रचार से लोकनायक की प्रतिभा और अधिक तपकर प्रकाशमान हुई थी।

21 मार्च, 1977 को राष्ट्रीय सत्ता के इतिहास में कांग्रेस के पन्ने पलट गये, जनता पार्टी ने सरकार बनाई और श्री मोरारजी देसाई स्वतंत्र भारत के पहले गैर-कांग्रेसी प्रधानमंत्री बने। जयप्रकाश नारायण को कभी भी सत्ता का मोह नहीं था। यदि वे चाहते तो उस समय बड़े-से-बड़े पद पर आसीन होकर सत्ता का सुख भोग सकते थे किंतु वे हमेशा सत्ता से दूर ही रहे।

❑❑❑

अंतिम समय

आपकी सफलता ईमानदारी से शांतिपूर्ण तरीकों के प्रयोग पर निर्भर करती है। यदि आप हिंसा का एक कृत्य करते हैं तो आपका विरोधी ऐसे सौ कृत्य करने को उद्यत होता है।

जनता पार्टी की विजय के बाद जयप्रकाश नारायण ने 'सम्पूर्ण क्रांति' के लक्ष्य की घोषणा की। सम्पूर्ण क्रांति का अर्थ विभिन्न क्षेत्रों में आई गिरावट को रोक कर पुनः नैतिक मूल्यों को बहाल करना था। वे ऐसी व्यवस्था के समर्थक थे जिसमें वास्तव में जनता अपने भाग्य का निर्णय स्वयं कर सके।

मोरारजी देसाई, जयप्रकाश नारायण एवं एल.के. आडवाणी

जयप्रकाश राजशक्ति के स्थान पर 'लोक शक्ति' की स्थापना करना चाहते थे। परन्तु जनता पार्टी की सरकार ने उनके सुझावों की उपेक्षा की। अपने गिरते स्वास्थ्य के बावजूद जयप्रकाश नारायण ने जनता पार्टी के नेताओं को बार-बार

जयप्रकाश नारायण पर जारी भारतीय डाक टिकट

चेतावनी दी कि आपसी मतभेदों को दूर करके सम्पूर्ण क्रांति के लक्ष्यों व जनता की भलाई की ओर ध्यान दो अन्यथा जनता तुम्हें कभी क्षमा नहीं करेगी किंतु जनता पार्टी के नेता आपसी विवादों में उलझे रहे।

जयप्रकाश नारायण काफी समय से जीवन और मृत्यु की लड़ाई लड़ रहे थे। 7 अक्टूबर, 1979 को सुबह से ही उन्हें सांस लेने में कठिनाई हो रही थी। दोपहर बाद उन्हें आपातकालीन डायलिसिस पर रखा गया किंतु उनकी सांसें थम गईं। चिकित्सकों ने मालिश के द्वारा कृत्रिम सांस चलाने का प्रयत्न किया, परन्तु सब निष्फल रहा। उनके निजी चिकित्सक डॉ. सी.पी. ठाकुर ने पूरी तरह जांच-पड़ताल करके उनको 8 अक्टूबर, 1979 को मृत घोषित कर दिया। डाक्टरों के अनुसार 5 बजकर 45 मिनट पर जयप्रकाश नारायण का स्वर्गवास हो गया।

"जे.पी. नहीं रहे" यह समाचार जंगल की आग की भांति फैल गया। उनके निधन का समाचार पाते ही सारा देश शोक में डूब गया। मंत्रिमण्डल की बैठक में सात दिन का राजकीय शोक मनाने का फैसला

लिया गया। राष्ट्रपति श्री नीलम संजीव रेड्डी, चौ. चरण सिंह बिहार के राज्यपाल श्री किदवई, मोरारजी देसाई, जगजीवन राम, राज नारायण, इंदिरा गाँधी आदि सभी वहाँ पहुँच गये।

जयप्रकाश नारायण संग्रहालय (आरकोम, लखनऊ)

लोकनायक जयप्रकाश नारायण के देहावसान पर देश-विदेश के प्रमुख नेताओं तथा सामाजिक कार्यकर्ताओं ने दिवंगत नेता के प्रति भावभीनी श्रृद्धांजलियाँ अर्पित कीं। इसकी व्याप्ति व वैविध्य इतना था जो सत्ता से असंबद्ध लोगों के प्रति दुर्लभ ही होता है। सभी नेताओं ने अपने-अपने वक्तव्यों में गहरा शोक व्यक्त करते हुए जयप्रकाश नारायण की राष्ट्रसेवा की भूरि-भूरि प्रशंसा की और उनको देश का महान सपूत बताया।

देश ने पूर्ण राजकीय सम्मान के साथ पटना में गंगा के किनारे बांस घाट पर उन्हें अश्रुपूर्ण विदाई दी। सम्पूर्ण वातावरण 'जयप्रकाश अमर रहे' के नारों से गुंजायमान हो गया।

जयप्रकाश नारायण एक महान समाज सुधारक, राजनीतिक और आर्थिक चिंतक एवं क्रांतिकारी ही नहीं बल्कि एक विचारक व लेखक भी थे। समाज सेवा के लिये सन् 1965 में उन्हें मैगसेसे पुरस्कार प्रदान किया गया। एक लेखक के रूप में उनकी प्रमुख कृतियाँ निम्न हैं:

1. समाजवाद ही क्यों? 2. समाजवाद से सर्वोदय। 3. समाजवाद सर्वोदय एक लोकतन्त्र। 4. संघर्ष की ओर। 5. भारतीय राज व्यवस्थाओं

की पुनर्रचना के लिये तर्क। 6. जयप्रकाश नारायण की जेल डायरी। 7. सम्पूर्ण क्रान्ति की ओर।

जे.पी. के सम्बन्ध में यह बात विशेष रूप से उल्लेखनीय है कि उन्होंने जीवन-पर्यन्त कोई भी सरकारी पदवी धारण नहीं की थी। सन् 1999 में उन्हें मरणोपरान्त 'भारत रत्न' की उपाधि से विभूषित किया गया। यदि वर्तमान समय के राजनीतिज्ञों के लिए जे.पी. का ऐसा त्याग मार्गदर्शक बन जाए तो भारतीय राजनीति स्वार्थ से बहुत सीमा तक मुक्त हो सकती है। ऐसे महान लोकनायक को समस्त भारतीयों का शत्-शत् नमन।

दिल्ली सरकार के सबसे बड़े अस्पताल—लोकनायक जयप्रकाश अस्पताल का नाम, पटना हवाई अड्डे का नाम और दिल्ली-छपरा साप्ताहिक एक्सप्रेस ट्रेन का नाम उनके नाम पर रखा गया है।

❑❑❑

जीवन एवं कार्य—एक नजर में

- **1902** : 11 अक्टूबर को सिताब दियारा गाँव (बिहार) में जन्म।
- **1920** : प्रभावती से विवाह।
- **1922** : उच्च शिक्षा के लिए अमेरिका रवाना।
- **1929** : भारत वापसी तथा जवाहरलाल नेहरू के निमंत्रण पर भारतीय राष्ट्रीय कांग्रेस में प्रवेश।
- **1932** : गिरफ्तारी एवं नासिक जेल में बंदी, जहाँ राममनोहर लोहिया तथा अन्य राष्ट्रीय नेताओं से परिचय।
- **1934** : आजादी की लड़ाई में जीवन समर्पण का निर्णय।
- **1934** : कांग्रेस-सोशलिस्ट पार्टी के सचिव के रूप में चयन।
- **1939** : द्वितीय विश्वयुद्ध में भारतीय सहभागिता का विरोध करने के लिए गिरफ्तार।
- **1942** : भारत छोड़ो आंदोलन में योगदान, गिरफ्तारी और जेल से फरार।
- **1943** : आजाद दस्ते का गठन तथा दोबारा गिरफ्तार।
- **1946** : अंततः जेल से रिहा।
- **1947** : 15 अगस्त को देश आजाद।
- **1948** : वैचारिक मतभेद के कारण कांग्रेस पार्टी छोड़ी।
- **1952** : प्रजा सोशलिस्ट पार्टी की स्थापना।

- **1957** : जनसेवा के उद्देश्य से प्रजा सोशलिस्ट पार्टी से आधिकारिक रूप से अलग हुए।
- **1965** : सार्वजनिक सेवा के लिए मैगसेसे पुरस्कार से सम्मानित।
- **1950-74** : आचार्य विनोबा भावे के साथ भूदान और सर्वोदय आंदोलन में सक्रिय भूमिका निभाई।
- **1972** : चंबल घाटी का दौरा किया और सैकड़ों दस्युओं को आत्मसमर्पण करने के लिए प्रेरित किया।
- **1974** : गुजरात नवनिर्माण आंदोलन में भाग लिया।
- **1974** : तत्कालीन प्रधानमंत्री इंदिरा गाँधी की भ्रष्ट एवं अलोकतांत्रिक सरकार के विरुद्ध मोर्चा खोला।
- **1974** : 5 जून को पटना के गाँधी मैदान में छात्रों की ऐतिहासिक रैली में सम्पूर्ण क्रांति का आह्वान किया।
- **1975** : आपातकाल के दौरान गिरफ्तार और जेल में बीमार हुए।
- **1977** : इंदिरा-कांग्रेस सरकार के विरुद्ध मोर्चा खोला एवं जनता पार्टी को विजयी बनाया।
- **1979** : 8 अक्टूबर को पटना (बिहार) में निधन।
- **1999** : भारत के सर्वोच्च पुरस्कार 'भारत रत्न' से मरणोपरांत सम्मानित।

❑❑❑